Imtraud Tarr

Eigensein entdecken

Irmtraud Tarr

# Eigensein entdecken

## Lustvoll älter werden

**KREUZ**

*Gewidmet Kai, meinem Retter am 19.12.2012*

MIX
Papier aus verantwor-
tungsvollen Quellen
FSC® C106847

© KREUZ VERLAG
in der Verlag Herder GmbH, Freiburg im Breisgau 2014
Alle Rechte vorbehalten
www.kreuz-verlag.de

Satz: de·te·pe, Aalen
Herstellung: fgb · freiburger graphische betriebe
www.fgb.de

Printed in Germany

ISBN 978-3-451-61228-2

# Inhalt

Lustvoll älter werden — 9

## Eigensein entdecken — 13
Was ist mir wichtig? — 13
Das lasse ich mir nicht gefallen! — 15
Muss ich wirklich? — 17
Der rote Knopf — 21
Verbotene Früchte — 24
Querdenken — 28
Offen um jeden Preis? — 33

## Eigene Grenzen abstecken — 37
Leben, statt gelebt zu werden — 37
Immer weiter wachsen? — 40
Ich bin doch kein Huhn! — 44
Mein Kopf gehört mir! — 47

## Neue Aussichten wagen — 51
Hier stehe ich, ich kann auch anders! — 51
Fenster zum Leben öffnen — 53
Das Beste wiederfinden — 56
Vom Sex — 58
Glühende Wärme — 62

## Pfiffig älter werden — 67
Hinschauen, statt zu resignieren — 67
Kleine Sünden — 71
Der Realität trotzen — 74

| | |
|---|---:|
| Ferne, Finca, Feigenbaum | 78 |
| Statt mit Flügeln auf Besen fliegen | 82 |

## Ich bin, wie ich bin

| | |
|---|---:|
| Einwilligen | 87 |
| Sich vorwagen | 91 |
| Den eigenen Raum einnehmen | 96 |
| Sich hinwegsetzen | 100 |

## Eigensinnige Typen

| | |
|---|---:|
| Weiber-Tollheit | 103 |
| »Das tut's doch!« | 105 |
| »Ich darf!« | 107 |
| »Vergiss es einfach!« | 109 |
| »Das Leben ist ernst!« | 111 |
| »Spieglein, Spieglein an der Wand« | 113 |
| »Ich brauche Luft« | 116 |

## Herbst in die Seele nehmen

| | |
|---|---:|
| Vom Pfeifen im dunklen Wald | 119 |
| Überstehen ist alles | 122 |
| Zu sich selbst Nein sagen | 127 |
| Ist Schweigen wirklich Gold? | 130 |
| Das dünne Eis der Vergeblichkeit | 133 |

## Aller Unfug ist schwer

| | |
|---|---:|
| Statt altersmilde immer frecher | 139 |
| Frei navigieren | 143 |
| Mut zur Neugier | 146 |
| Loslassen macht heiter | 149 |
| List ist weiblich | 153 |

## Früchte ernten

| | |
|---|---:|
| Reiz der Nonchalance | 161 |
| Freunde sind Wunschkinder | 164 |
| Spielen macht frei | 168 |
| Tanzen macht schön | 173 |
| Sich freischwimmen | 176 |

## Zu sich selber finden

| | |
|---|---:|
| Einen Rückzugsort entdecken | 181 |
| Im Baumhaus – eine Imaginationsübung | 184 |
| Auf Empfang sein | 187 |
| Frei sein | 190 |
| Wahr nehmen | 193 |
| Sich abfinden | 196 |
| Ohne Handtasche | 199 |
| Frech, lustvoll, lebensfroh | 202 |

Literatur          205

# Lustvoll älter werden

Was wäre die Alternative? Älter werden wir sowieso. Dann doch lieber neugierig, lustvoll und vielleicht auch verwegen: Jetzt geht es darum, das Eigensein zu entdecken und zu leben. All das, was bisher vielleicht zu kurz gekommen ist. Im Gegensatz zur landläufigen Meinung ist diese Zeit nicht der Übergang in die wohlverdiente und wohltemperierte Ruhe, sondern der Beginn tiefer Auseinandersetzung mit der Bedeutung des Eigenseins. Damit meine ich den konstruktiven Eigensinn, eine vitale Lebensform, die hilft, sich auf sich selbst, auf seinen eigenen Verstand und auch auf sein Mitgefühl zu besinnen.

Meine Botschaft heißt ganz schlicht: Es ist schön, eigen zu sein. Nicht nur für Frauen, auch für Männer. Das Älterwerden ist prädestiniert dafür, sich endlich zu erlauben, eigen zu sein. Mehr noch: sich selbst zu lieben, die eigenen Freunde und überhaupt das Leben. Eigensein verändert einen. Man wird klarer, deutlicher, bekommt Prägnanz und eigene Konturen – ein eigenes Gesicht. Das hängt auch mit biologischen Prozessen zusammen: Unser Körperschwerpunkt sinkt nach unten ins Becken. Wir ruhen mehr unten in der Küche des Seins, wo es brodelt, gärt, stoffwechselt, verdaut und köchelt, als im Obergeschoß des Handelns. Man füllt sich immer mehr mit sich selbst aus, gewinnt an Tiefe, denkt differenzierter und lacht präziser. Einerseits ist man nun Vorbild, Mentorin, Wegbegleiterin, Respektsperson, andererseits wird man selbst wieder ein wenig zum Kind.

Eigensein klingt vielleicht ein wenig altmodisch, aber ich ziehe diesen Begriff vor. Besonders heute, da flexible Anpassung an ständig neue Anforderungen zur Überlebensstrategie geworden ist. Was also ist Eigensein? Eigensein ist für mich eine Haltung und umfassender als das modisch strapazierte Wort »Eigensinn«, das als Reizwort reflexartige Abwehr auslöst, weil ihm der Geschmack von »eigenartig«, »starrköpfig«, »merkwürdig«, »nicht normal« anlastet. Das Wort »Eigensein« hingegen drückt eine Bewegung aus. Eine Bewegung, die einen mit sich selbst, dem eigenen Innenleben und den anderen unterwegs sein lässt. Dieses Unterwegssein mit sich und den anderen halte ich für die wichtigste Aufgabe schöpferischen Älterwerdens. Es geht also weder um die Nützlichkeit neuer Altersideologien oder Spätförderprogramme – was man unbedingt tun oder gefälligst lassen sollte – noch sehe ich in Älteren nutzbare Ressourcen oder altes Eisen. Ich trete einen Schritt zurück und beschäftige mich damit, wie wir dem Machbarkeitsdiktat widerstehen, um unsere lebendige Unruhe zu bewahren.

Was verbindet Menschen untereinander, die den Mut haben, eigen zu sein? Vielleicht die Tatsache, dass sie sich nicht blind anpassen, sondern im Gegenteil ihren eigenen Weg gehen. Manchmal sogar ohne Rücksicht auf Verluste. Was sie tun, tun sie, weil sie es so wollen. Und weil sie der Versuchung widerstehen, gefälligst doch lieber das zu tun, was erwartet wird. Sie tun, was sie für sich für richtig halten. Sie bestärken uns darin, dass wir nicht in einer Gesellschaft leben wollen, in der nur Effizienz, Nützlichkeit, Habenwollen, Angepasstheit und Brauchbarkeit gefragt sind.

Eigensein geht auf unser klassisches Trotzalter zurück, durchwirkt unser ganzes Leben und wird im Alter prägnanter, reflektierter und schöpferischer. Es beginnt mit einem Nein. Mit der Verweigerung und dem Gefühl, etwas anderes zu wollen, als das, was von uns erwartet wird. In der

Psychologie wird dieses Verhalten »Reaktanz« (Brehm 1966) genannt. Dahinter steckt der Wunsch, die bedrohte Freiheit zu bewahren und Kontrolle über das eigene Leben zurückzugewinnen. Nicht tun zu müssen, was man nicht tun will, sich von innen nach außen zu kehren, statt sich von außen nach innen bestimmen zu lassen. Hier liegt der Ursprung unseres Ichs und das Potential, eigenwillige und erstaunliche Wege zu gehen hin zu einem vitalen, schöpferischen Leben.

Oft ist es das ungelebte Leben, das uns zum Eigenen führt, zur Frage: Stehe ich zu mir selbst? Bin ich mir selbst treu? Am schlimmsten sind die Krisen, die uns begreifen lassen, dass wir leben, ohne wirklich zu leben. Wir realisieren meist erst mit den Jahren, dass wir unser Leben nicht gewagt haben. Aber noch ist es nicht zu spät, so zu sein, wie man es gern wäre.

Ich ermutige zum Eigensein, weil jedes bewusste Nein ein Ja zu sich selbst ist. Älterwerden kann nicht heißen, so zu werden wie die anderen, sondern das zu finden, was das Ureigene ist. Gelingt es, die Energie dieser Trotzkraft zu nutzen, dann besitzen wir eine mächtige Kraft für unseren persönlichen Weg. Außerdem macht es Freude: die Freude, frecher, lustvoller, lebensfroher und ungehemmter zu sein, als wir es sein sollten. Die Freude, die uns so wundervoll eigene Gesichtszüge annehmen lässt.

Deshalb hängt Eigensein mit seelischer Abrüstung zusammen. Statt zu kontrollieren, mitzurennen, sich zu verbiegen und zu verzerren kommt es auf entspannten leisen Sohlen daher: sein lassen, annehmen, aufhorchen, aufhören, hinhorchen. Wir finden es, wenn wir mit anderen oder mit uns selbst schreibend, träumend, lesend unterwegs sind, ohne uns zu verlieren. Vielleicht kann man so – statt Bequemlichkeit und Eintönigkeit – ein zweites Mal ein Stück Lebendigkeit der Kindheit erleben, aber aus einer anderen Perspektive. Wer könnte es besser sagen als Wilhelm Busch: »Früher, da ich unerfahren und bescheidner war als heute, hatten meine höchste Achtung andre Leute. Später traf ich auf der Weide außer mir noch mehre Kälber, und nun schätz' ich, sozusagen, erst mich selber.«

Die Idee zu diesem Buch entstand auf einem Feigenbaum. Wie so oft kletterte ich hoch, um die überreifen Feigen, die ohnehin niemand erntete, zu pflücken. Plötzlich hörte ich, wie eine Nachbarin zur anderen auf mich deutend sagte: »Allerhand! Dass die sich das zutraut!« »Na und«, dachte ich, und hielt lieber den Mund. Plötzlich erinnerte ich mich an den herrlichen Satz Astrid Lindgrens: »Es steht nicht in Moses Gesetzen, dass alte Weiber nicht auf Bäume klettern dürfen!« Darum geht es in diesem Buch.

Schon bald realisierte ich, dass man diesem Thema nicht nur den kleinen Finger reichen kann. Es nimmt die ganze Hand. Im wahrsten Sinn des Wortes. Denn kurz vor der Mitte des Buches holte mich eine knochenharte Version der kletternden Frauen ein. Durch einen Knochenbruch im Unterarm stand ich vor der Wahl: aufgeben oder einhändig weiterschreiben. Da mein Geist jedenfalls nicht merklich beeinträchtigt war, entschied ich mich für das, was man von bäume-kletternden Frauen erwarten kann: weiterschreiben.

# Eigensein entdecken

## Was ist mir wichtig?

»Eigen sein« – das ist schnell gesagt. Fast alle wollen es. Aber was bedeutet es eigentlich? Eigen sein, das ist wie aufwachen. Bei sich sein, wach sein, berührbar sein, erschütterbar sein und trotzdem unbeirrbar bleiben. Es heißt, zwischen eigenen und fremden Gefühlen, zwischen eigenem und fremdem Wollen unterscheiden zu können. Sich selbst zu durchschauen und sich mit sich selbst immer besser auszukennen. Als Weg in diese Richtung schlage ich Ihnen zunächst eine Art Selbstbefragung vor, die Ihnen zumindest in groben Zügen Übersicht über sich selbst verschafft.

> Fragen Sie sich: **Was ist mir wichtig?**
> Die folgenden Punkte, die ich meinen Klientinnen verdanke, lesen Sie bitte lieber nicht. Sie könnten ja manipuliert werden:
>
> | | |
> |---|---|
> | Meine Freunde | Sommer |
> | Meine Familie | Baden im Meer |
> | Im Bett lesen | Frisches Brot |
> | Spaziergang im Wald | Mein Café |
> | Käsefondue | Kirche |
> | Gartenwirtschaften | Kabarett |
> | Abendessen mit einem Lieblingsmenschen | Weintrinken mit Freunden |
> | | Sonnenblumen |
> | Mittagsschlaf | Komplimente |
> | Meine Couch | Sich kaputt lachen |

Nun fragen Sie sich: **Was mag ich nicht?**

| | |
|---|---|
| Früh aufstehen | Abschminken |
| Steuererklärung | Pflichteinladungen |
| Rechnungen | Putzen |
| Dosenfutter | Schlampige E-mails |
| Maschinengeräusche | Sahnetorten |
| Wohnwagen | Handy-Telefoniererei |
| Technik | Kaugummikauer |
| Formulare | Unsinns-Vehikel |
| Telefonumfragen | Zahnarzt |
| Kleingedrucktes | Billigtarife |
| Dresscode | Zelten |
| Büstenhalter | |

Haben Sie doch weitergelesen? Vielleicht sind Sie ein wenig irritiert. Selbstverständlich haben Sie die Freiheit, diese Punkte zu lesen oder eben nicht. Mit dieser Einleitung wollte ich Reaktanz auslösen, wenn auch nur minimal. Sie wollten diese Ideen lesen, und nun schränke ich Sie von vornherein ein. Was ist wahrscheinlich geschehen? Sie werden noch motivierter gewesen sein, sie zu lesen, weil Sie selbst entscheiden möchten, was Sie machen oder was Sie wollen. Vielleicht gelang es Ihnen über diesen kleinen Umweg nun, selbst herauszufinden, was Ihre eigenen Ideen sind. Oder Sie werden vielleicht protestieren: »Passt mir nicht!« »Ist bei mir ganz anders!« »Ich lass mich nicht in irgendwelche Punkte stecken!« »Ich will selbst bestimmen!«

Damit sind wir mitten im Thema. Wird einem die Freiheit genommen oder ist sie bedroht, so entsteht der Drang zur Wiederherstellung der Freiheit – das nennt man Reaktanz. Reaktanz haben Sie gerade praktiziert, indem Sie trotz der Bitte, die einzelnen Punkte nicht zu lesen, wahrscheinlich weitergelesen haben. Sie haben sich vielleicht ein wenig geärgert, aber vielleicht gelang es Ihnen so leichter, auf eigene Ideen zu kommen. Denn Sie haben ganz recht. Es ist Ihre Entscheidung, zu machen, was Sie wollen. Egal, was andere sagen, meinen oder raten. Jede Anpassung, an was auch immer, ist pure Zeitverschwendung, vor allem wenn man erst einmal über sechzig ist.

## Das lasse ich mir nicht gefallen!

Sicher kennen Sie solche Situationen, in denen jemand eine Gemeinsamkeit mit Ihnen hinausposaunt, ohne dass Sie vorher um Ihre Zustimmung gefragt wurden oder darum gebeten haben. Vielleicht ist es die Formel »Wir Frauen ... wir als Familie ... wir Lehrer ... wir Nachbarn ... wir Krebskranke ... wir Jogger ... wir Alten«. Sobald man selbst zur angesprochenen Gruppe gehört, stellt sich bei vielen eine Art Irritation ein. Selbst wenn wir dem Gesagten zustimmen, geraten wir in eine gewisse Trotzigkeit, weil wir nicht ungewollt vereinnahmt werden wollen. Wir wollen nicht, dass jemand über uns verfügt. Wir wollen nicht eingemeindet werden. Und schon gar nicht, dass Äußeres über unser Inneres gestülpt wird. Wie kommt der andere dazu, eine Gemeinsamkeit mit mir zu verkünden, ohne meine Zustimmung zu haben? Wir wollen gefragt werden und selbst beurteilen und entscheiden.

Nehmen wir das Beispiel Flugsicherheit. Im Prinzip ist wahrscheinlich jeder von uns dafür. Ich kenne jedenfalls niemanden, dem es gleichgültig ist, in die Luft gejagt oder gesprengt zu werden. Dennoch reagiert man gereizt, wenn man die Schuhe, den Gürtel oder die Jacke ausziehen soll. Selbst wenn man frisch deodoriert und normalgewichtig ist und auch sonst nichts zu verbergen hat, ist man genervt. Geradezu reflexartig gerät man in die Haltung: »Das geht zu weit. Das ist zu intim. Das geht euch nichts an.« Mit anderen Worten: Die Abneigung gegen diese Art Kontrolle hat nichts mit Querulantentum zu tun, sondern mit einer bestimmten Weltsicht, die sich nichts aufzwingen lassen möchte. Auch nicht die wohlmeinende Sorgfaltspflicht der Durchleuchtung des eigenen Körpers. Es geht um das rechte Maß und die Verhältnismäßigkeit im Respekt vor der Intimität des Einzelnen.

»Ich möchte mich nicht durchleuchten lassen, ich bin doch kein Koffer!« »Ich lasse mich nicht wiegen, ich bin doch kein Stück Fleisch oder Fisch.« Diese Art ästhetischer Widerwille gegen jegliche Form von Vereinnahmung zeigt, dass eben alles eine Frage des Maßes ist. Es muss Grenzen geben. Es muss Bremsen geben. Und vor allem: Es kommt auf die verträgliche Dosis an. Die Frage ist doch: Was ist der Situation und der menschlichen Würde angemessen? Eine Gesellschaft, in der alles auf Transparenz hinausläuft, macht Angst. Nicht, weil die einzelnen Maßnahmen ungerechtfertigt sind, sondern weil sie für etwas stehen, das uns widerstrebt. Wir wehren uns dagegen, dass uns eine bestimmte Lebensweise aufgezwungen wird. Insofern sollte eine wahrhaft demokratische Gesellschaft dieses »Nein!«, dieses »So nicht!« ermutigen. Wenn wir nicht motiviert werden, unsere Freiheit zu verteidigen, was bewahrt uns dann vor der Einheitsgesellschaft mit Einheitsmeinungen und damit vor dem Totalitarismus?

Im ersten Kapitel haben Sie es an sich selbst erfahren. Reaktanz nennt man in der Psychologie dieses Abwehrverhalten gegen jegliche Art der Freiheitsbeschneidung. Erfunden wurde der Name »Reaktanz« 1966 von dem Sozialpsychologen Jack W. Brehm. Reaktanz bedeutet, vereinfacht gesagt: Auf Einschränkungen, auf psychischen Druck oder auf Verbote reagieren wir mit genau dem Gegenteil von dem, was von uns erwartet wird. Reaktanz äußert sich durch Trotz, erhöhte Anstrengung, Widerspruch, Aggression oder demonstratives Ersatzverhalten. Die meisten, die ich befragte, wussten zwar, wie es sich anfühlt und was es heißt, sich gegen Verbote und Einschränkungen zu wehren, aber sie kannten den Begriff »Reaktanz« nicht, obwohl er ein wichtiger Sammelbegriff für ein Verhalten ist, das wir alle mehr oder weniger praktizieren. Im Unterschied zum Widerstand und zum Trotz, die mit Widerspenstigkeit oder Aufmüpfigkeit assoziiert werden und umfassender sind, ist Reaktanz eine positive, produktive Kraft, die zunächst einmal schlicht sagt: »Da muss ich reagieren«, »Nicht mit mir«, »Das lasse ich mir nicht gefallen«, »Das geht mir gegen den Strich«, »Das geht zu weit«. In diesen Sätzen schält sich das Eigene heraus. Man will etwas anderes als das, was gewollt wird. Man spricht für sich selbst, statt mitzumachen. Man verteidigt die bedrohte Freiheit und will selbst über das eigene Leben bestimmen. An dieser Stelle erwacht unser Ich.

## Muss ich wirklich?

Bin ich nun verantwortungslos, wenn ich mich in meinem Alter diesen Appellen, ich solle meine »inneren Werte« messen lassen, entziehe? Muss ich wirklich ständig wissen, wie meine Knochendichte, meine Lungenkapazität, mein Blutdruck, meine Blutwerte, mein Kalorienverbrauch, mein BMI beschaffen sind? Natürlich muss man sie nicht ständig wissen, aber dennoch sind diese immer wieder zu hörenden

Fragen und Bedenken ernst zu nehmen, weil in ihnen die Ursache von Krankheit als persönlicher Schuld wieder anklingt. Vor allem im Alter werden wir heute durch Angebote und Anreize motiviert, uns mehr denn je um unsere Gesundheit zu kümmern. Und messen lässt sich ja mittlerweile ziemlich viel, und zwar nicht nur präventiv, sondern einfach aus Neugier oder Interesse für den eigenen Körper. Aber wehe, wir kümmern uns nicht genügend oder nur nach Bedarf, dann dürfen wir uns auch nicht beschweren! Dann sind wir ja selbst schuld, weil wir nicht genügend Selbstsorge und Selbstvermessung geleistet haben. Der oft zitierte Spruch, dass jeder seiner Gesundheit Schmied sei, bedeutet ja nicht nur, dass jeder selbst zu seinem Wohlbefinden beitragen soll, sondern verrät auch zwischen den Zeilen: »Selbst schuld, wenn du nicht regelmäßig ins Fitness-Studio gehst, täglich Obst isst, meditierst und viel joggst.«

Was wir alle tun sollen ist schließlich das, was uns allen fehlt. Wenn man also Gesundbleiben in Form von ständiger, anstrengender Aktivität verordnet, so führt dies genau zu dem, was eigentlich bekämpft werden soll: Bevormundung der Einzelnen im Gewand der verordneten Eigenverantwortung. Und das erzeugt Abwehr, Trotz oder Widerstand. Eine Lehrerin, die kurz vor ihrer Pensionierung stand, fragte, ob sie ein Trotzkopf sei, da ihr diese Propaganda »Fit im Alter«, »Unruhestand«, »Immer aktiv« heftig gegen den Strich ging. Sie befürchtete, dass die Schulpflicht in neuem Gewand einfach weitergehen würde: kulturell interessiert, sportlich, gepflegt und adrett gekleidet, sexuell aktiv, ehrenamtlich tätig, unternehmungslustig. Sie hasste dieses Getue: »Seit ich pensioniert bin, habe ich gar keine Zeit mehr ... habe ich mehr denn je zu tun ... ist mein Terminkalender voller denn je.« Ob sie ein Trotzkopf ist, lässt sich nicht eindeutig beantworten, zumal es kein objektives Maß gibt, wann Treue sich selbst gegenüber zu kindischem Trotz wird und wann persönliche Vorlieben zur nervenden Plage für andere werden. Ihr Gefühl, etwas anderes zu wollen als das, was angepriesen wird, ist hingegen durchaus nachfühlbar, denn diese grassierende Fitnesspropaganda erzeugt Überdruss. Was wir ständig hören gähnt uns irgendwann an und macht schläfrig.

Was aber ist die Alternative? Ab Beginn der Pensionierung schlagartig desinteressiert, faul, hässlich, fett, asexuell, lethargisch und unbeweglich zu werden? Oder sollte sie ihre Erfahrungen aus der Schulzeit ab sofort Haushalt und Familie zur Verfügung stellen? All das verspricht ja nicht gerade einen entspannten, vergnüglichen Lebensabend. Es gab ihr zu denken, dass sie ihre eigene »Alters-Kür« erfinden könne. Sich für Neues befreien. Zu fragen: Was ist für mich stimmig? Das konnte sie akzeptieren. Immerhin wusste sie, was sie nicht wollte. Ihr Unbehagen zeigte ihr, was für sie nicht in Frage kam. Es war der Anfang hin zu etwas Neuem.

»Muss ich mir das wirklich anhören?«, fragte eine Krankenschwester, die selbst Patientin in ihrem Krankenhaus wurde. Natürlich wusste sie, dass sie sämtliche Risikofaktoren pflegte: zu wenig Schlaf, Ziehharmonikakost – entweder zu viel oder zu wenig –, rauchen. Dennoch kränkte es sie, als ihre Kolleginnen meinten: »Du bist doch selbst schuld!« Dass ihr diese Schuldzuweisung keine Ruhe ließ beziehungsweise sie verletzte und trotzig machte, ist nicht verwunderlich. Eine solche Aussage ist in der Tat rücksichtslos und herzlos, selbst wenn sie der Sache nach stimmen mag. Was angebracht wäre, ist Mitgefühl oder Mitleid und nicht Schadenfreude getarnt als Belehrung oder Besserwisserei. Außerdem steckt in dieser kollegialen Schuldzuweisung eine Entwertung, als sei Krankheit vermeidbar, wenn man sich nur richtig verhält. Dahinter steckt die selbstgerechte Idee von einem gesunden Leben, die alle anderen, die nicht so leben, vom Mitgefühl ausschließt. Allzu große Selbstgefälligkeit statt Mitgefühl erzeugt Trotz und führt in die Distanz und Entfremdung.

Wer solche oder ähnliche Situationen erlebt hat, muss damit fertig werden. Manche gehen zum Therapeuten oder zur besten Freundin, andere beten oder vergraben den Schmerz tief in ihrer Seele. Der Krankenschwester half es, ihre Gefühle auszudrücken und den Mut zu fassen: »Jetzt sage ich ihnen, was ich denke. Diese Gemeinheit lasse ich nicht auf mir sitzen.«

Ein drittes Beispiel stammt aus meiner Praxis. Eine 59-jährige Frau räsonierte lange über die Gefahren des drohenden globalen Wassermangels. Ich hörte ihr geduldig zu und widerstand der Versuchung verständnisvollen Einvernehmens, weil ich gelernt habe, dass es besser ist, eine gute Psychotherapeutin zu sein als eine nette Frau. Irgendwann rutschte mir das Wort »Wasserfall« heraus, was angesichts ihrer Besorgnis wie ein dummer Ausrutscher erschien. Aber dieses Wort stellte plötzlich eine Verbindung zu ihrer Lebensgeschichte her. Es war nämlich ihre wasserfallartige Sprechweise – sie meinte, dass in ihrer Ahnenreihe wohl irgendjemand ein Wasserfall gewesen sein müsste –, mit der sie sämtliche Männer aus ihrem Leben nachhaltig vertrieben hatte.

Selbst wenn die Geschichte stark verkürzt ist, so demonstriert sie doch, wie Reaktanz sich äußern kann. Es war nämlich nicht der globale Wassermangel, der sie wirklich bedrohte, sondern der Mangel an dauerhaften Beziehungen zu Männern, der ihr zu schaffen machte, den sie mit Wortkaskaden abwehrte, bis sie begriff, wie sie selbst dazu beitrug, dass sie das »Wasser« in ihrem Leben so schmerzlich vermisste.

In allen drei Geschichten ging es den Frauen darum, etwas anderes machen zu wollen als das, was von ihnen gewollt wurde. Auch wenn ihr Unbehagen eher verschwommen war, so wussten sie doch zumindest, was sie nicht wollten. In dem Moment, in dem man dieses Nein ahnt oder spürt, in diesem Riss entstehen neue Konturen des Ichs.

## Der rote Knopf

Willkommen im Ferienclub! Treten Sie ein! Machen Sie es sich bequem! Fühlen Sie sich wie zu Hause! Oder sogar noch besser als zu Hause! Essen und trinken Sie, so viel Sie wollen! Entspannen Sie sich! Lassen Sie sich gehen! Gönnen Sie sich jede Gaudi! Singen, klatschen oder tun Sie so albern, wie Sie nur können! Hier ist alles erlaubt! Das Wetter ist perfekt! Der Swimmingpool ist geheizt! Nur eine Kleinigkeit: Bitte drücken Sie nicht den roten Knopf! Wir haften nicht für die Folgen, wenn Sie es tun! Ignorieren Sie ihn einfach und alles ist bestens! Also viel Spaß im Club! Bleiben Sie, solange Sie wollen.

Wie geht es Ihnen mit dieser Einladung? Ich kann nur sagen, dass mich trotz aller Angebote solch ein Verbot sofort neugierig oder trotzig machen würde. Was hat es mit dem roten Knopf auf sich? Warum wurde er überhaupt erwähnt? Soll ich, soll ich nicht? Wenn ich ihn nicht drücke, dann womöglich ein anderer? Vielleicht findet hier ein Experiment statt? Fragen über Fragen. Eigentlich gibt es nur einen Weg, um herauszufinden, was es mit dem roten Knopf auf sich hat. Die können mich mal …!

Man kann es Ungehorsam, Widerspenstigkeit, Rebellion oder Aufmüpfigkeit nennen, das Muster ist immer das gleiche: Etwas ist verboten und gerade deswegen reizt es erst recht, das Verbotene zu tun. Verbote wie der besagte rote Knopf üben eine geradezu magische Kraft auf uns aus. Mehr noch, sie führen direkt dazu, dass wir genau das tun, was wir unterlassen sollten. Wenn ab morgen verboten wird, auf der Straße zu essen, dann werden sicher viele von uns eine merkwürdige Straßen-Esslust verspüren. Oder wie die Autorin Elke Heidenreich meinte: »Ich finde die Welt dermaßen grau und verwaltet und mit Vorschriften gepflastert, dass ich unbedingt wieder Laster haben muss.«

Wann immer wir bevormundet werden, reagieren die meisten ärgerlich, trotzig, rebellisch. Wenn diese Haltung fast automatisch abläuft, sodass man sich kaum von ihr lösen kann, dann bedeutet das, dass an diesen Reaktionen starke Gefühle hängen, die einem natürlich auch auf die Nerven gehen können, weil sie etwas Zwanghaftes an sich haben. Man ist nicht mehr frei, zu unterscheiden, ob man dem Verbotenen zustimmen soll oder nicht. Das macht einen auch wieder unfrei.

Dennoch verbirgt sich hinter dieser Rebellion eine gesunde Kraft, die sich gegen Einschränkungen oder Zumutungen jeder Art zur Wehr setzen will. Wir wollen über unser Leben selbst bestimmen. Wir wollen nicht, dass jemand uns vorschreibt, was wir zu tun oder zu lassen haben. Wir wehren uns gegen das, was uns verbiegen oder manipulieren will oder kann. Deswegen lohnen sich Verbote langfristig gesehen nicht.

»Du sollst kein Fleisch essen!« »In deinem Alter solltest du dich gediegen anziehen!« »Du sollst keine Geheimnisse haben!« »Du sollst in der Öffentlichkeit nicht weinen!«

»Du sollst nicht fett essen!« »Du solltest keine langen Autofahrten mehr machen!« Wir wollen keine Nötigung, keine Drohung, keine kategorischen Sätze, aber auch keine Bevormundung, die unseren Lebensentwurf inklusive unserer Eigenheiten, Vorlieben und Abneigungen betrifft. Schließlich sind viele Seiten unseres Lebensbuches schon gefüllt, eng oder weit geschrieben, manche Sätze mit Fragezeichen, andere mit Schreizeichen, manche in Schönschrift, andere hingeschmiert. Für uns gibt es keinen Tintenkiller, der die Seiten nachträglich korrigiert. Und wir wollen uns nicht mehr diktieren lassen, was wir zu schreiben haben.

In dem Moment, in dem wir anfangen, unser Lebensbuch selbst weiterzuschreiben, ändert sich viel. Wir sind nicht mehr die, die wir waren. Wir sind mehr als das, was unsere Gene und Lebenserfahrungen aus uns gemacht haben. Wir sortieren unser Lebensbuch nach eigenen Gesichtspunkten. Wir werden das, was wir aus uns machen, was uns wichtig ist, wofür wir uns begeistern und brennen.

Wie geschieht das? Mit großer Wachheit. Indem wir ernst nehmen, was unsere Ahnungen, Gefühle und Intuitionen uns mitteilen wollen und herausfinden, was uns schöneres, aufregenderes, tieferes Leben verspricht. Es braucht Mut, Selbstverständliches nicht als selbstverständlich hinzunehmen, Verordnetes nicht zu wollen und das zu leben, was einem selbst entspricht. Letztlich geht es darum, das Beste wiederzufinden: unsere eigene Stimme. Der Philosoph Peter Bieri hat es treffend beschrieben: »Die Kultur, wie ich sie mir wünschte, wäre eine leisere Kultur … in der die Dinge so eingerichtet wären, dass jedem geholfen würde, zu seiner eigenen Stimme zu finden.«

Sich selbst zuzuwenden hieß für die 60-jährige Architektin, die ihrer Meinung nach zu viele Kompromisse einging, entschieden gegen diesen Standardvorwurf vorzugehen: »Wenn das jeder täte!« Sie entlarvte ihn als Ausdruck der Beschränktheit, in der die innere Provinzialität sich auch in der Architektur widerspiegeln sollte. Es gelang ihr, ein höchst eigenwilliges Gebäude zu entwerfen, das sie trotz kleinkarierter Gegenwehr mit Zähigkeit durchsetzte. Woran ihre eigenen Ideen so oft scheiterten, war für sie die Unfähigkeit anderer, sich vorzustellen, dass andere anders leben und denken können als sie selbst. Ihre Devise war: »Kill your darlings«. Damit meinte sie den Verzicht auf diese selbstgenügsamen Selbstbeschreibungen: »Ich bin halt so«, »Ich habe es immer schon so gemacht«, »Kann ich mir nicht vorstellen«, »Das kann ich nicht«, die letztlich eine aggressive Form der Selbstzufriedenheit offenbaren, die aus der Selbstreduzierung eine Tugend macht. Sie hatte erkannt: Starrheit hat nichts mit Eigensein und Entwicklungsfortschritt zu tun. Im Gegenteil, man kann nicht früh genug damit beginnen, der beginnenden Rigidität entgegenzuwirken. Indem man beispielsweise, wie sie, seine Lebenspläne und Bücher neu ordnet und nach eigenen Gesichtspunkten sortiert. Indem man aufhört zu sagen: »Dafür bin ich zu alt!« oder »Es lohnt sich nicht mehr!« oder »Jetzt ist es sowieso zu spät!«

## Verbotene Früchte

Ist Reaktanz nicht der Beweis, dass wir zur Freiheit geboren sind? »Ohne Reaktanz würden wir uns alle nach und nach in Gemüse verwandeln«, meint der Journalist Harald Martenstein. Letztlich begann die Menschheitsentwicklung mit einer Geschichte der Reaktanz. Ich greife zurück auf die älteste Reaktanzgeschichte der Menschheit – die Genesis. Eva hat den Anfang gemacht, indem sie dem Verbot Jahwes »Du darfst alle Früchte essen, nur die eine nicht!« dieses trotzige »Jetzt tue ich es gerade!« entgegensetzte. Mit ihrem Ungehorsam entdeckte sie die Lust am Widerspruch, die Kraft der Negation. Adam ließ sich verführen und nahm den köstlichen Apfel von ihr an. Und so begann die Geschichte der Reaktanz. Sie beherrscht die Evas und Adams seither je nach Veranlagung mehr oder weniger. Fast scheint es, dass Reaktanz – diese Mischung aus Verbot und Abwehr – die Schöpfung erst richtig angefacht hat. Jedenfalls ließe sich unsere Menschheitsgeschichte durchaus als Geschichte der Reaktanz auffassen, zumindest hat Reaktanz schon immer für den Wirbel gesorgt, durch den Schöpfer und Geschöpf in Kraft und Kreativität miteinander verbunden oder verstrickt werden. Es gibt zu denken, dass die ersten Verhaltensweisen, die wir von unseren Urahnen erfahren, diese Mischung aus Verführbarkeit und Reaktanz war.

Auch in Märchen wird der Reiz des Verbotenen immer wieder thematisiert. So in dem bekannten Märchen vom bösen Grafen Blaubart, der seiner Frau vor der Abreise den Schlüsselbund überreichte und ihr großzügig gestattete, alle Türen zu öffnen und sich umzuschauen, »Nur diesen einen, den kleinsten der Schlüssel, den darfst du nicht benutzen. Vergiss das nicht!« Wahrscheinlich würde es uns ähnlich gehen wie seiner Frau: Unsere Gedanken würden genau um diesen Schlüssel kreisen. Warum sollte ich eigentlich nicht? Was kann da wohl dahinter stecken? Wird schon nicht so schlimm sein, oder? Vielleicht merkt es ja niemand? Und wenn ich es versuche? Nein, lieber nicht! Wieso sollte ich mir Vorschriften machen lassen? Der kann reden, was er will, ich will selbst entscheiden.

Diese inneren Dialoge könnte man endlos weiterspinnen, aber irgendwann siegt doch die Neugier oder der Trotz. Vielleicht kommt man ja irgendwie davon. Wie kann man anders herausfinden, was dieser Schlüssel verbirgt, als ihn auszuprobieren?

Schon von klein auf lernen wir, dass es Dinge gibt, die verboten sind, die man nicht tun darf. Schon mit zwei Jahren beginnen Kinder, Widerstand zu leisten gegen Anforderungen und Verbote, besonders, wenn diese von ihren Eltern kommen. Fordert man sie auf, etwas Bestimmtes zu unterlassen, tun sie garantiert genau das Gegenteil. Gibt man ihnen ein bestimmtes Kuscheltier, so wollen sie ein anderes. Nimmt man sie auf den Arm, so wollen sie heruntergelassen werden. Lässt man sie laufen, so wollen sie auf dem Schoß sitzen. Jeder trägt diese Veranlagung je nach Temperament mehr oder weniger in sich. Kleinkinder reagieren auf diese Disziplinierungsversuche noch vehement mit der eigenen Stimme und dem bekannten Gekreische. Später, in der Pubertät, knallen die Türen, tönen ohrenbetäubende Sounds durch die Wohnung, vergiftet trotziges Schweigen das häusliche Klima, und die Mopeds rattern mit Höchstgeschwindigkeit durch die Dörfer. Und wenn man an die vielen Mythen und Geschichten denkt, die Erwachsene faszinieren, so geht es stets um Verstöße gegen irgendwelche Grenzen und Verbote. Man denke an Ikarus, der mit aller Macht der Sonne entgegenstrebte, bis seine wächsernen Schwingen schmolzen und er kläglich abstürzte. Oder an den Indianerjungen, der sich zum König der Adler aufschwingen wollte, dessen geborgtes Federkleid von einem Windstoß abgerissen wurde und ihn zu Boden stürzen ließ.

Immer wieder ist es dieser übersteigerte Wunsch, genau das zu tun, was verhindert werden soll. Verbote wirken kontraproduktiv. Ein Beweis, wie grundlegend das Recht auf freie Willensentscheidungen für unser Wohlbefinden und unsere Würde ist. Jede Einschränkung von Freiheit hat Folgen für unser moralisches Empfinden. Wir wollen die Wahl haben und selbst entscheiden. Wird diese Voraussetzung beschnitten, reagieren wir auf diesen Verlust mit Empörung, Entrüstung und Groll. Wir sehen uns als Menschen, denen etwas genommen wurde und nehmen sogar negative Konsequenzen in Kauf, um unsere Freiheit wieder herzustellen. Diese Reaktionsbildung ist ein Beweis, dass Wahlfreiheit nicht nur ein abstraktes Postulat ist, sondern etwas, das wir erleben und das den Rang einer intuitiven Überzeugung besitzt. Wir wollen tun, was wir selbst wollen, auch wenn es sich als schlechte Wahl herausstellt. »Selber machen!« sagen die Kleinen, »Ich lass mir nichts sagen!« tönen die Jugendlichen, »Das möchte ich selbst beurteilen!« meinen die Älteren.

Verbote haben also einen gegenteiligen Effekt, sie provozieren das Verhalten, das verhindert werden soll und vielleicht sogar schädlich ist. Auch wenn die Verbote einleuchtend und vernünftig erscheinen: Solange wir das Gefühl haben, unsere Entscheidungen werden uns weggenommen, reagieren wir mit Widerstand, selbst wenn wir dadurch nachteilige oder unvernünftige Entscheidungen treffen. »Der Arzt hat mir verboten, Schokolade zu essen«, so eines der alltäglichen Beispiele. Und wie reagiert die Patientin? »Seither esse ich mehr Schokolade denn je.«

Auch wenn Reaktanz eine verständliche Reaktion ist, um die eigene Wahlfreiheit wieder zu etablieren, so vernebelt sie die Sicht, weil sie nicht von den Tatsachen ausgeht, sondern von der eigenen Wahrnehmung der Dinge. So bezahlen wir manchmal einen hohen Preis für unsere Entscheidungsfreiheit. Dabei denke ich an eine Frau, die angesichts der schrumpfenden Raucherräume meinte: »Seit ich nicht mehr frei rauchen darf, rauche ich mehr denn je.« Es scheint wirklich, als würde man sein Recht auf freie Entscheidung nicht nur ein bisschen haben wollen. Man möchte ganz Recht haben.

Gibt es einen Weg aus diesem Dilemma? Wegpredigen lässt es sich nicht, dafür aber verstehen. Indem man sich fragt: »Was will ich wirklich?« und begreift, wovon dieses Wollen gespeist ist. So einfach es klingt: Es ist erstaunlich schwierig, zu wissen, was man wirklich will. Naheliegend wäre, seine Motive auszusprechen, aufzuschreiben oder einem Freund zu artikulieren, um sie sozusagen von außen zu betrachten, zu überprüfen und prägnanter zu machen. Erst wenn ich meine widersprüchlichen Wünsche artikuliere, kann ich einen Standpunkt entwickeln, von dem aus ich beurteilen kann: »Was ist es, was mich in diese oder jene Richtung zieht? Ist es die Abneigung gegen Verbote? Will ich Recht haben? Oder habe ich einfach nur den Wunsch, mich frei zu fühlen? Selbst zum Zuge zu kommen?« Eine Klärung dieser Motive würde immerhin dazu beitragen, dass ich weiß, was mich bewegt, was meinen Willen antreibt. Dieses Verständnis zu erweitern könnte helfen, dort Sinn zu entdecken, wo vielleicht erst auf den zweiten Blick Sinn entsteht.

## Querdenken

Wer kennt das nicht? Die Wahrscheinlichkeit, ein bestimmtes Restaurant zu besuchen, wird keineswegs größer, wenn uns jemand drängt, »unbedingt« dort essen zu gehen, weil es »einfach spitze« sei. Je höher der Druck von außen, desto größer der Widerstand, dort hinzugehen. Womöglich hätte einen das Restaurant schon interessiert, aber aufschwatzen lassen wir uns nichts und mit Superlativen lassen wir uns schon gar nicht drängen. Dann lieber: »Nein danke!«

»Ich leide geradezu physisch darunter, wenn ich höre, wie sie in meiner Frauengruppe auf jemandem herumhacken. So viel Gegacker! So wenig Eier! Immer ist irgendeine Neue an der Reihe. Da muss ich einfach dagegenhalten, weil mir das so gemein vorkommt!«, so klagt die Teilnehmerin einer Frauengruppe, die sich an ihre Schulzeit erinnert fühlt, wenn sie erlebt, wie sie sich auf die Seite der Außenseiter stellt, weil ihr diese »unheile Einigkeit« Gänsehaut verursacht. Es ist nicht nur Trotz, sondern auch Misstrauen, das ihr die Lust verschafft, gegen dieses billige Einvernehmen vorzugehen. Manchmal nervt sie ihre zwanghafte Trotzigkeit, dann witzelt sie: »Guck nicht so, ich bin in der Trotzphase!«

Ähnlich geht es einer pensionierten Pfarrerin, die, wann immer sie erlebt, wie jemand idealisiert oder zur Heiligen erklärt wird, automatisch dafür sorgt, die Schattenseite dieser Person hervorzuheben. Bezeichnungen wie »Primadonna«, »maximalegozentrisch« oder »narzisstisch« sprudeln dann unaufgefordert aus ihr heraus. Warum sie das tue? »Es geschieht fast reflexartig. Ich weigere mich einfach, bei diesem Beweihräuchern mitzumachen. Es kommt aus dem Bauch. Es ist ein Gefühl, das mich zwingt, etwas Ruß über eine Heilige auszustreuen und mich dazu bringt, das Gegenteil zu sagen, ob ich nun recht habe oder nicht.«

»Bei mir geht es soweit, dass ich bei Geburtstagseinladungen immer irgendwie ausschere. Mir gehen die Gäste auf die Nerven, die in haltloses Glucksen ausbrechen, kaum dass sie ankommen. Die sich vor Entzücken kaum halten können, wenn sie Bekannte erblicken. Die auf die Frage: »Wie geht es dir?« stets »Danke super!«, »Bestens!« oder

»Prima!« sagen. Plötzlich werde ich muffig, obwohl ich mich eigentlich gefreut hatte. Ist das etwas Genetisches?«

Der Restaurantbesucher, die Teilnehmerin der Frauengruppe, die Pfarrerin, der Geburtstagsgast, sie alle haben die Neigung, reaktant zu reagieren. Sie sind ihrem Nein irgendwie ausgeliefert, weil sie nicht in erster Linie im eigenen Interesse handeln, sondern sich mehr aus dem Bauch heraus gegen den Erwartungsdruck anderer zur Wehr setzten. Ihre Reaktionen sind von äußeren Einflüssen bestimmt – etwas anderes zu wollen als das, was gewollt ist. Auch wenn das bedeuten kann, dass das eigene Wollen und Fühlen nicht mehr wahrgenommen oder übergangen wird. Offenbar unbewusst und unwillentlich handeln sie auf eine kontraproduktive Art und Weise, weil sie sich von ihrer Abwehr leiten lassen. Kurzum: Sie handeln gewissermaßen fremdbestimmt statt selbstbestimmt.

Jeder kennt solche Reaktionen von sich. Man hat etwas verloren, und nun beginnt man wie besessen zu suchen, weil das Verlorene plötzlich einen derart überhöhten Wert gewinnt, dass man meint, alles stehen und liegen lassen zu müssen, bis man das Vermisste wiedergefunden hat. Bei manchen führen solche Verlusterfahrungen dazu, dass sie regelrechte Suchmaschinen werden oder dass sie Schlaflosigkeit entwickeln, bis hin zu wahrhaft existentiellen Verzweiflungsgefühlen. Das Verlorene wird plötzlich unersetzbar, lebensnotwendig und gerät in den Stand einer Kostbarkeit, den kein anderer nachvollziehen kann. Manchmal könnten solche Aktionen, wenn sie nicht so traurig wären, auch erheiternd sein. Je mehr Zwang ausgeübt wird, desto ausgeprägter fällt das reaktante Verhalten aus. Ein berühmtes Beispiel dafür ist das Experiment der Sozialpsychologen Pennebaker und Sanders (1976): Sie montierten zwei verschiedene Schilder an die Toiletten eines Colleges. Eines mit der Aufschrift: »Schreiben Sie unter keinen Umständen an diese Wände!«, während es beim anderen hieß: »Schreiben Sie bitte nicht an diese Wände.« Nach einigen Wochen wurden die Schilder abgenommen. Es verwundert wohl nicht: Dort, wo das strenge Verbot hing, wurden signifikant mehr Graffitis produziert als beim Schild mit der höflichen Bitte. Das Verbot hatte das Interesse an der verbotenen Handlung geradezu herausgefordert, denn starke Verbote haben einen Bumerang-Effekt, der das Interesse an verbotenen Handlungen steigert.

Das ist eine allzu bekannte Weisheit. Deswegen scheiterte in den USA das Alkoholverbot, die Prohibition. Nie tranken die Leute so viel wie damals. Deswegen will der Fuchs die Trauben, die zu hoch für ihn hängen. Deswegen haben sich Romeo und Julia ineinander verliebt: weil es von den Eltern verboten war. Deswegen tun geschickte Verkäufer so, als wäre ihre Ware knapp. Wenn man ankündigen würde, dass es demnächst verboten sein wird, Süßigkeiten zu essen, dann würden wahrscheinlich viele von uns, auch die, die sich vorher nicht viel aus süßen Naschereien machten, plötzlich ein großes Bedürfnis nach Süßem entwickeln. Allein die Tatsache, dass etwas entzogen wird, weckt ein Verlangen danach.

Es mag Spaß machen, Nein zu sagen, dagegenzuhalten, quer zu denken, das haben zu wollen, was man nicht haben soll, oder gerade das zu tun, was man nicht tun soll. Sobald es aber Selbstzweck wird, ist es keine Tugend, sondern eher ein gedankenloses, impulsives, ungesteuertes Reagieren und Meinen.

Nein sagen ist also nur der erste Schritt hin zu etwas. Es geht darum, mit dieser Fähigkeit zum Nein umgehen zu lernen. Jedes Kind, das unter einigermaßen gesunden Bedingungen aufwächst, besitzt ungefähr ab dem dritten Lebensjahr die Fähigkeit zur Reaktanz. Diese zunächst einmal impulsive, unreflektierte Fähigkeit zum Nein lernt es mit der Zeit zu steuern. Es hängt von den Erfahrungen ab, die es dabei macht – ob die Erwachsenen mit Empörung, Schmunzeln, Beschämung, Strenge oder Strafen reagieren –, die wegweisend sind für die spätere Haltung gegenüber psychischem Druck, Einschränkungen oder Verboten.

In Therapien erlebe ich oft, wie Ältere, die zu forcierter Reaktanz neigen, gleichzeitig spüren, dass dies ein widersprüchlicher Weg ist. Was man einem Kind noch zugesteht, wird später problematisch. Man spürt, dass man sich dabei auch selbst schädigt, weil man dagegenhalten muss, statt für sich zu sprechen. Intuitiv merkt man, dass man an alte Autoritäten noch so sehr gebunden ist, dass man selbst als Erwachsener in einem Abhängigkeitsgefühl feststeckt. Man schämt sich zwar dafür, genießt aber auch irgendwie den Triumph, sich nicht unterkriegen zu lassen, auch wenn der Sieg ein Pyrrhussieg ist. »Lieber ertrinke ich, als dass ich jemanden um Hilfe rufe«, so drückte es eine bekennende Reaktistin überspitzt aus.

Mit den Jahren wächst allmählich aus der unreflektierten, spontanen Reaktanz oder aus dem »Nein um jeden Preis« die Fähigkeit zur »reflektierten Reaktanz« (Petzold 2001). Was dazu beiträgt, ist das Vertrauen in die eigenen Kraftquellen und die Fähigkeit, Grenzen zu ziehen, sich selbst zu schützen, ohne sich auf das Nein als Machtmittel zu fixieren. So lernt man, mit der Kraft des Nein umzugehen, Distanz zu gewinnen gegenüber puren reaktiven Momenten, abzuwägen, was der Situation angemessen ist und zu prüfen, welche Motive man verfolgt und welche Folgen entstehen können. Letztlich geht es darum, den reaktiven Impuls konstruktiv im eigenen Interesse umzusetzen. Kurzum: An die Stelle reflexhafter situativer Abwehr tritt die gezielte, kraftvolle Realisierung eigener Interessen oder Bedürfnisse. Diese erwachsene Fähigkeit ist erstrebenswert und sicher höher anzusiedeln als die bloße reaktive Abwehr. Sie ist die Domäne derjenigen, die schon ein paar Jahrzehnte gelebt haben.

## Offen um jeden Preis?

»Immer, wenn mein Mann ganz schonungslos offen mit mir spricht, bin ich danach richtig wütend, und wir haben eigentlich nichts geklärt, sondern nur noch mehr Gefühlschaos produziert. Ich möchte so gern wissen, warum das so ist«, sagt eine verheiratete 60-jährige Erzieherin. Es ist heute normal geworden, dass wir offen, gefühlsmäßig und in psychologisch korrekten Ich-Botschaften miteinander sprechen, am idealsten natürlich ohne Wertungen und Unterstellungen, sodass es gar nicht so einfach ist, sich vorzustellen, dass dies nicht schon immer so war. Generationen vor uns bewegten sich noch in einer anderen Grammatik. Man hielt sich mehr an Formen, Höflichkeit, Rituale und Etikette als an die eigene Spontaneität. Heute erleben wir eine neue Moral der Glaubwürdigkeit, mit der wir uns gegenseitig auffordern, uns offen und echt einander zu nähern. Ich nehme an, dass dies ein Weg ist, um der außen erlebten Kälte, Anonymität und Fremdheit zu entkommen. Unsere Zeit ist eben »cool«, so einfach ist das. Also brauchen wir schrankenlose Offenlegung, Gefühlsoffenheit, um unser Bedürfnis nach Nähe auszudrücken und zu stillen.

»Sag doch nicht immer ›man‹, red von dir.« Eine Klientin irritiert diese ungeschriebene Regel, weil sie darin einen Zwang erlebt, gegen den sich ihre sämtlichen Nackenhaare sträuben. »Ich hasse es, mich dauernd beobachten und kontrollieren zu müssen und ständig zu hören, dass man doch heutzutage nicht mehr im ›Man-Stil‹ reden darf. Dieser Ego-Jargon macht mich renitent.« Von sich zu reden ist chic; Ich-Botschaften sind angesagt, denn sich verstecken macht unglücklich. Dieser unterschiedslose Selbstausdruckszwang enthält Elemente eines Generationenkonflikts. Die Formen- und Höflichkeitssprache unserer Mütter und Väter gelten uns Heutigen als Verstellung, falsche Künstlichkeit und Ausdruck von Verklemmtheit. Vergleichsweise dazu geht es bei uns weit formloser zu, sei es aus Trotz, Überzeugung oder Unbehagen. Da gibt es zum Beispiel Feste, bei denen einem Außenstehenden niemand vorgestellt wird oder man nicht einmal weiß, was eigentlich gefeiert wird oder wer gerade Geburtstag hat. Aber nicht nur das; wer beim Fest ausgelassen tanzt oder blödelt, gerät ganz schnell in den Verdacht, sich nur selbst darstellen zu wollen oder gar narzisstisch zu sein. Sinnlichkeit, Selbstvergessenheit und Unbefangenheit sind verpönt, weil dies nicht vorgesehen ist in den neuen Spielräumen der Selbstbeobachtung und der schrankenlosen Selbstoffenbarung.

So erzählt eine pensionierte Lehrerin, wie sie aufsässig wurde, als nach einem exzellenten Fachvortrag über »Kreativität und Evolution« ein junger Mann meinte: »Das bringt mir nichts«, weil der Vortragende nur über das Thema und nicht über sich selbst sprach. Sie stand auf und entgegnete: »Ich wehre mich gegen diese Art moralischen Vorwurfs, als müssten alle Ihrer fixen Idee folgen, ihr Innerstes nach außen zu kehren. Ich verbitte mir diese Art von Moralinspritze.«

Soll wirklich jedes Thema für Selbstausdruck genutzt werden? Wo bleiben da die Kriterien für Takt oder die Würde des anderen? Ich erinnere mich an eine Gruppensituation, als eine über 60-Jährige von der Trennung von ihrem Mann sprach und eine andere fragte: »Ich würde gern wissen, an was das aus deiner Kindheit rührt? Wie tief fühlst du den Schmerz?« Hier gibt es in der Tat kein Halten, keine Hemmungen, keine Schamgrenze mehr. Zum Glück gelang es der Betroffenen, sich gegen diese Übergriffigkeit zu verwahren, worauf die anderen meinten, dass sie eben noch »total dicht« sei. Dieser Zwang zur Offenheit gewährt keinen Schutz und macht unsensibel für das Unsagbare, für den intimen Raum des anderen. Wehrt man sich, steht man als »gepanzert« oder eben »nicht offen genug« da. Die Grenzen des Takts verschleißen sich, und man fühlt sich gerade wegen der forcierten Nähe noch fremder und im Regen stehen gelassen. Das Resultat ist ein Verlust an Nähe.

Wenn Gefühle ans Licht gezerrt, zerredet und trivialisiert werden, als ob es um Religion ginge, bekommt man Lust, dagegenzuhalten. »Es ist einfach zu invasiv, wenn alle auf den Gefühlen herumhacken. Da werde ich rebellisch, tut mir leid«, sagt eine Frau, die sich gegen den Druck in ihrer Gemeindegruppe stellt und auch bereit ist, das Risiko auf sich zu nehmen, abgelehnt zu werden.

Die Erfahrung zeigt, dass es in Gruppen, die einen solchen Betroffenheitsjargon pflegen, kaum wärmer, herzlicher und spontaner zugeht als sonst irgendwo. Vielmehr herrscht ein Druck, dessen Folge eher frustrierte, freudlose, friedlose Verkrampftheit und Gehemmtheit ist. Diese Maxime »Du musst dich zeigen!«, »Ich will dich spüren!«, »Sei offen!« ist schonungslos. Sie erzeugt eher Offenheitskrampf als Nähe.

Auch wenn viele diesen zwiespältigen, schonungslosen

Umgang befürworten, heißt das noch lange nicht, dass sie recht haben. Sicher war es ein befreiender Durchbruch, »Ich« zu sagen, denn die Regeln und Formen früherer Zeiten waren einengend und felsenhart. Es geht also nicht um eine Wiedereinführung alter Verbote und Tabus. Dass wir sie hinter uns gelassen haben, ist sicher ein Fortschritt und eine Chance. Die Problematik besteht vielmehr darin, wie wir mit diesen neuen Spielräumen umgehen, ohne sie gleich wieder mit neuen Zwängen zuzuschütten und schrumpfen zu lassen.

Die Zeichen häufen sich, dass dieser Sog naiver, rigoroser Ego-Sprache am Nachlassen ist und sich relativiert. Es fällt mir auf, wenn ich mit Älteren spreche. Und es fällt mir in Gruppen auf, beispielsweise, dass man sich wieder als Erwachsene anspricht und sich siezt. Immer mehr Menschen schätzen heute ein gewisses Maß an Takt, an Formen, an gesunder Distanz und situativer Sensibilität. Ein Bewusstsein für Grenzen und Selbstschutz tritt an die Stelle schonungsloser Offenheit, weil man sich wieder darüber verständigt, wann die Dauerbeschäftigung mit Betroffenheit und Gefühlsausdruck unergiebig, zerstörerisch oder unmenschlich ist. Auch weil uns daran liegt, einander achtungsvoll zu begegnen und ernst zu nehmen, was wir einander zumuten dürfen. Diese Art von Verzicht, gepaart mit einem feinen Sensorium für Gefühlsnuancen, scheint mir eine Richtung anzuzeigen, einander selbstbewusst Wertschätzung zu schenken.

# Eigene Grenzen abstecken

## Leben, statt gelebt zu werden

Solange sich in der Menschheitsgeschichte die endlose Pendelbewegung von Verbot und Abwehr fortsetzt, ist es weise, das Pendel mit den Jahren in eine gute Mitte zu bringen. Im Alter relativiert sich allmählich die Haltung des Trotzindividualismus. Das anstrengende Gezerre um Standpunkte, das Rebellieren, die Erinnerungen an Verletzungen und alle möglichen Trotzepisoden, bei denen man nachträglich die Fäuste ballen könnte, haben ihre Spuren hinterlassen. Aufmüpfigkeit ist zwar lustvoll, aber allein damit ist es eben nicht getan. Es gibt doch glücklichere Momente als die, in denen man recht hat. Außerdem applaudiert ohnehin niemand, auch wenn man noch so recht hat. Es bedarf einer gewissen Reife, Dinge zu lassen, die sowieso nichts mehr für einen sind. Damit will ich nicht die demütige Anpassung oder selbstzufriedene Starre loben, sondern die Gelassenheit, herauszufinden, was ich nicht mehr brauche, und das Recht, sich diesen Sinneswandel einzugestehen. Nicht im Sinne von Gleichgültigkeit oder Resignation, sondern als gelassene Akzeptanz von Grenzen, die jeder selbst bestimmt.

»Wenn alle das Gleiche wollen, dann werde ich renitent«, so die Aussage einer Frau, die bis ins hohe Alter eine ausgezeichnete Skiläuferin war. Sie hatte es satt, jedes Wochenende im Rudel mitzulaufen, weil sie sich »nicht mehr spürte«. Stattdessen begann sie sich für ein Studium in chinesischer Medizin zu interessieren, das sie in die USA führte. Dort praktiziert sie heute noch in halbtägiger Praxis. In ihrer Geschichte war Reaktanz unentbehrlich – »etwas anderes machen zu wollen, weil alle es gleich machen« –, weil sie ihr die Kraft gab, eine Wendung einzuschlagen, die mehr zu ihr passte. Vorher musste sie sich mehr verbiegen, als ihr gut tat. Sie war nicht in der Renitenz stecken geblieben, sondern nutzte sie, um herauszufinden, was ihr entsprach.

»Ich entscheide jetzt, was ich tun will.« Das ist ein Satz, der in meiner Praxis fast leitmotivisch durch die unterschiedlichen Krankheitsbilder geht. Oft sind die Evas von heute Runde um Runde auf der Achterbahn von Routine, Repetition und Resignation gerannt, bis sie es schließlich nicht mehr aushielten, weil sich zu viel ungelebte Wünsche, Wut oder Depression angestaut hatten. Es kommt zum Dammbruch, zum »So nicht mehr!«

»Zum Teufel mit diesem Schraubstock«, so nannte es eine Handwerkerin, deren erster Schritt zum Eigensein darin bestand, endlich etwas Spielerisches zu tun, das ihr entsprach. Ihr Trotz schützte sie vor dem Hang zum Konformismus. Sie wollte zwar weiterhin zu ihrer Arbeitswelt gehören, aber nicht um jeden Preis. Sie fing an, Tango zu tanzen, wobei sie erstmalig das Gefühl hatte, zu leben, statt gelebt zu werden. Sie liebt es, mit ihren Partnern die spannungsgeladenen Positionen zu wechseln, zu führen und sich führen zu lassen. »Es gibt mich wieder«, meinte sie lächelnd.

Immer mehr Frauen, die mir begegnen, finden einen Weg aus solcher Enge und Zermürbung, indem sie etwas tun, das anders ist als das, was sie sonst tun. Es müssen keine spektakulären Neuerungen sein, auch keine radikalen Veränderungen. Sie wollen Abstand nehmen vom Beruf, vom Computer, vom Haushalt, vom Mann, von der Nachbarin, vom Gehorsam. Worum geht es ihnen? Sie wollen sich Achtung verschaffen – Achtung vor sich selbst und den anderen. Es geht ihnen um die innere Haltung und darum, herauszufinden, was sie nicht mehr brauchen, um festzustellen, was die wirklich wichtigen Dinge sind, die sie näher zu sich selbst bringen. Und es geht ihnen darum, nicht mehr Dinge tun zu müssen, die sie nicht tun wollen.

Für Frauen, die den Mut zu der Frage aufbringen: »Wer möchte ich im Alter sein, im Wissen, dass ich auch vieles nicht mehr sein kann?« verändern sich die Dinge allein schon durch die Aufmerksamkeit auf diese Frage. Den Fokus auf sich selbst zu richten mag für viele ungewohnt sein, weil es auch heißen kann, gegen den Strom zu schwimmen und sich davon zu verabschieden, was oder wie andere von einem denken oder was sie für richtig halten. Wie eine ältere Dame zu sagen pflegte: »Die einen kennen mich, die anderen können mich!«

In der Freiheit, sich sein Leben zu eigen zu machen und aus dem Fremden zu lösen, könnte sich offenbaren, was das Eigene ist. »Sie haben gewiss recht, Herr Doktor, aber erlauben Sie mir, dass ich mir selbst mein Urteil bilde«, so sprach eine über 80-jährige Patientin zu ihrem jungen Arzt.

Man wird trotzfreier, souveräner und entspannter, wenn man selbst nachdenkt und abwägt, statt fraglos anzunehmen, was einem gegeben wird. »Mut statt Demut« könnte die Devise lauten. Wer Mut aufbringt, seine eigenen Gedanken ernst zu nehmen, hat etwas verstanden vom Willen zur Freiheit. »Für mich war es die Einsicht, dass meine sogenannte Selbstverwirklichung letztlich nur ein Rennen um Anerkennung, Erfolg und Bewunderung war. Erst als ich aus diesem Boot ausgestiegen bin, durfte ich überhaupt darüber nachdenken, was ich eigentlich will. Umso überraschter war ich, als ich realisierte, dass ich all diesen Klimbim gar nicht brauche. Ich habe sogar meine Homepage gelöscht, jetzt habe ich nämlich ein ›Home‹«, so die Erkenntnis einer stressgeplagten Projektleiterin, die es jetzt genießt, froh in der Gegenwart zu leben. Unser Eigenwille ist es, der uns plötzlich neue Tore zur Achtung, zum Fortkommen, unerwartete Wendungen und Neuanfänge erschließt.

## Immer weiter wachsen?

Sind wir die Meisterinnen unseres Lebens? Können wir bestimmen, wie wir in Zukunft sein werden? Können wir das werden, was wir zu sein wünschen? Auf diese Fragen kommt man nur, wenn man weiß, dass man auch anders sein könnte. Wir sind keine unbeschriebenen Blätter mehr. Vielleicht sind manche Blätter weiß oder unfertig geblieben, aber mit dieser Mischung aus Unfertigkeit, Notwendigkeit und Freiheit müssen wir irgendwie zurechtkommen. In diesem Sinn werden wir alle unfertig bleiben, aber wir können aus dem, was ist, Neues knüpfen. Was wir an Heil erwarten können, ist zwar nicht Erlösung, aber Bewusstheit. Sie entsteht, wie Kierkegaard meinte, indem man »immer mehr man selbst wird«.

Es wird so viel vom Wachstum geredet, aber ist dieser Prozess im Alter nicht eher ein Schrumpfen, ein Dampfablassen, ein Ausatmen und Entkrampfen? Geht es nicht eher darum, Ballast abzuwerfen, Lasten abzulegen, Unwesentliches loszuwerden, weicher, leichter und gelassener zu werden? Ich gebe zu, man soll es der Schwerkraft durch allzu leichtfertiges Loslassen nicht zu leicht machen, aber Wachstum trifft eigentlich eher auf Kinder zu. Sie futtern, wachsen und breiten sich aus, aber Wachstum ab einem gewissen Alter bedeutet doch eher: Verzicht auf Gewohnheiten, Verlust von Sicherheiten und Freiwerden für Unvorhersehbares, Unerwartetes, Ungewohntes, Unbekanntes. Nicht, dass ich diesen Verlust glorifizieren möchte, denn er ist traurig und voller Abschiedswehmut. Manchmal ist er aber auch entspannend, weil er etwas nach sich zieht: die Befreiung und die Weite.

Eine Frau, die fast zwei Jahrzehnte Therapie hinter sich hatte, sagt: »Ich habe jahrzehntelang daran geglaubt, dass Therapien mich dazu bringen, meine Gefühle irgendwann umzusetzen in Projekte und sozialen Einsatz. Passiert ist aber das Gegenteil: Ich bin Meisterin im Gefühle benennen, erinnern und fantasieren geworden. Ich habe ständig geglaubt, wenn ich dies oder jenes noch bearbeite, dann werde ich immer größer, besser, heiler – dann beginnt das eigentliche Leben. Irgendwann sind mir die Gefühle abhanden gekommen. Was jetzt ansteht: Ich will mich von diesen Erlösungsfantasien befreien und einfach leben. Es gibt noch viel zu tun für mich. Eine späte, schlichte Erkenntnis, aber solche Zeiten können Schlichtheit gut vertragen.«

Viele strapazieren sich wie diese Frau über Jahre bei der Suche nach Selbstveränderung und Selbstverbesserung. Die einseitige Wendung nach innen kann dazu führen, dass manche sich gerade durch Therapien verfehlen, weil ihr Blick sich auf die Innenschau verengt und sich darin verheddert, und weil die Fähigkeit, mit der Welt außerhalb umzugehen, sich zurückbildet. Im Älterwerden verändern sich diese idealistischen Wachstumsvorstellungen. Wir legen Illusionen ab von der Therapierbarkeit von allen und allem, von der sich immer weiter entfaltenden, immer erleuchteter werdenden Person und der übergebührlichen Wichtigkeit des Ichs. Wir haben allmählich begriffen: »Für die Welt bist du irgendjemand, aber für irgendjemand bist du die Welt«, wie Erich Fried so schön sagte.

Stattdessen sind wir nachsichtiger, weil es unübersehbar wird, dass auch wir Eigenheiten haben, die sich jeder logischen Begründung entziehen. In manchen Zügen verändern wir uns nicht, einige Eigenschaften bleiben einfach, und manche Marotten halten wir unbeirrbar fest, solange sie von den anderen toleriert werden. Manche Charakterzüge sind und bleiben wie Granit. Antworten werfen neue Fragen auf, und die meisten Lösungen schaffen neue Probleme. Vieles ist nicht lösbar, und manchmal ist es gar nicht nötig. Die bessere Lösung liegt eher im »Sich-Lösen« von Illusionen, Scheuklappen, Verhärtungen, Starrheiten, Borniertheiten, falschen Hoffnungen und Selbstmitleid.

Sich lösen befreit. Sich lösen entspannt. Und wenn es nur darin besteht, zu respektieren, dass die eigene Seele bestimmte Veränderungen nicht will. Das braucht Nachsicht mit sich selbst und dem, was nicht heil, sondern ertragen werden will. Leben ist zum Leben da. Man muss beides nehmen – das Wandeln und das Beharren. So deute ich den Satz des alternden Pablo Picasso: »Ich entwickle mich nicht, ich bin.«

Dies widerspricht keineswegs dem Aspekt, dass es nie zu spät ist, so zu sein, wie man gern wäre. Aber dafür muss man kein Wachstumsprinzip annehmen und auch keine Verbesserungsinstitutionen besuchen. Solche Gedanken kommen von allein, wenn man sich fragt: Wann oder wo bin ich ganz bei mir? Wann fühle ich mich mir selbst nahe? »Beim Wandern bin ich mehr bei mir als bei jeder anderen Tätigkeit«, meinte eine ältere Frau. »Ich kenne nichts Schöneres als einen Abend, an dem mir beim Klavierspielen ein

Stück von Schubert gelingt. Wenn mein Atem ganz ruhig mit der Musik geht, dann fühle ich mich eins mit mir. Dann erübrigen sich alle Zumutungen, nicht nur die der schmerzenden Knie, auch die schlimmeren – dass ich nicht mehr eingeladen werde, dass man mich nicht mehr für voll nimmt.« Diese Frau machte eine interessante Erfahrung: Je mehr sie sich gestattete, ihre traurigen Gefühle auszudrücken, desto schwächer wurden sie, und am Ende fühlte sie sich sogar ein wenig befreit.

Nähe zu sich selbst, wie es die beiden Frauen beschreiben, bringt das Eigene nach vorn. Wo das Eigene sich zeigen darf, folgt man der Sehnsucht nach Leben und nicht der Angst. Vielleicht wird man dadurch nicht gerade eine feuerspuckende Alte, aber man wirft den Blick nach vorn, auf das, was das Leben – trotz mancher Zumutungen – von mir will, was ich soll, wofür ich da bin und was meinem Wesen gemäß ist. Weisheit – wissen, was zählt – wäre die Folge, weil wir selbst diejenigen sind, die wissen, wann, wo und wie wir uns nahe sein können. Vielleicht müssen wir es aushalten, eine Zeit lang im »Dazwischen« zu leben, bis sich das Eigene meldet, das weiß, was unsere Einzigartigkeit am besten ausdrückt. Mit der großen Lösung zu rechnen wäre viel verlangt, aber auf humorvolle Gelassenheit kann man immerhin hoffen. Das ist nicht viel, aber auch nicht wenig, und für den Zeitgeist, der vom Mythos unaufhörlichen Wachstums ausgeht, ist es eine ziemliche Provokation.

## Ich bin doch kein Huhn!

Frauen sind in der Regel nicht dümmer als der Rest der Menschheit. Das mag manche überraschen, ist aber so. Dennoch wurden sie, die Großes wollten, die eigensinnig und widerspenstig waren, als Hexen verbrannt, hospitalisiert, krank gemacht; sie brachten sich selbst um oder wurden hysterisch. Inzwischen erleben wir eine relative Befreiung von den Festlegungen auf die drei großen Ks (Küche, Kirche, Koitus). Frauen begnügen sich nicht mehr mit Kleinigkeiten, sie suchen Bedingungen, die sie über sich selbst hinausführen. Sie verwünschen das Küchenglück als einzige Perspektive, weil es immer mehr Frauen gibt, die Zugang zu inneren Kräften haben, die sich der Gehorsamkeitskultur nicht mehr fügen. Sie wissen, dass sie stark und mächtig sein können, dass sie befähigt sind, Grenzen zu setzen. Die Frage ist nur, welchen Gebrauch sie davon machen.

Einer Frau im letzten Drittel ihres Lebens stehen viele Erfahrungen und viel Wissen zur Verfügung. Deshalb ist diese Zeit eigentlich die bedeutendste in einem Frauenleben. Berufliche Zwänge fallen weg, die Kinder sind aus dem Haus, der Kampf um Anerkennung hat seinen Reiz verloren oder hat sich zumindest relativiert. Frauen beginnen, sich um sich selbst zu kümmern. Sie lassen sich nicht mehr abrichten und begegnen dem Leben anders als diejenigen, die keine Übersicht über sich selbst besitzen. Statt »Spezialerotik«, wie die Frauenforscherin Christina Thürmer-Rohr schreibt, die sich möglichst auf einen Partner, Kinder, Arbeitsstelle, aber nicht auf die Welt bezieht, sind sie durchdrungen vom Erfahren, Entdecken und Begreifen von Zusammenhängen, die sich der Gehorsamkeitskultur nicht mehr fügen. »Ich möchte mich endlich um die wichtigen Dinge kümmern«, schreibt eine

Klientin, die im Alter das Reisen zu ihrem Hobby gemacht hat. Seither sind ihre Gespräche wacher, spannender geworden. Sie beschreibt, wie sie in Mexiko auf eigene Faust loszog und genötigt wurde, in einem Bus mit Älteren mitzufahren, worauf sie sich entrüstet zur Wehr setzte: »Ich bin doch kein Huhn, das sich von einem Ort zum anderen transportieren lässt!« Sie sei eine »Paria«, eine Vagabundin geworden, die immer wieder zum Abenteuer des Neuen aufbricht. Unermüdlich ist sie auf der Suche nach neuen Landschaften, Begegnungen und Ausdrucksweisen, die ihr bestätigen, dass das Leben ihr die nötigen Erfahrungen bereitstellt, die sie für ihre Schatzsuche braucht.

Außenseiter, Querdenker, Verweigerer haben oft recht behalten. Galileo Galilei wurde eingesperrt, weil er die Ansicht vertrat, dass die Erde sich um die Sonne dreht. Sigmund Freud durchleuchtete das Seelenleben anders als es die bürgerlichen Konventionen erlaubten und entthronte das Ich als Herr im eigenen Haus. Die Kämpferinnen für das Frauenwahlrecht wurden als Spinnerinnen diskriminiert; und das Eigensein, von dem ständig die Rede ist, das klingt auch heute noch für manche nach dem Lebensstil von Künstlern, Spinnerten oder Eigenbrötlern, die sich nicht darum scheren, was andere denken, die einfach ihr »Ding« machen. Nun zeichnet sich aber immer deutlicher ab, dass gerade Menschen, die sich nicht durch die Zwänge der gängigen Erfolgsmodelle unterwerfen lassen, gesünder und zufriedener leben, da sie weniger anfällig sind für den Stress der Anpassung (Bastian 2000). Sich einen eigenen Kopf zu machen ist also nicht nur gesünder, sondern auch ein Schlüssel zum Glück. Sich nicht ablenken zu lassen von dem, was wirklich wichtig ist, sich eigene Gedanken zu machen, Fragen zu stellen und sich nicht mit dem zufrieden zu geben, was man zu denken oder zu wollen hat, das ist die Kunst des Älterwerdens, mit der sich unser medial vermitteltes Bild ganz leicht aus den Angeln heben lässt.

David Weeks, ein britischer Psychologe, der 1996 eine Untersuchung über »Exzentriker« vorlegte, sprach sogar von der Lust, anders zu sein. Er fand bei diesen Eigensinnigen ein weit entspannteres, selbstbewussteres Auftreten und eine bemerkenswerte Gesundheit im Vergleich zur Normalbevölkerung. Sie sind zwar nicht immer auf Anhieb beliebt, weil sie oft Dinge aussprechen, die anderen nur vage bewusst sind, aber sie leben das, wovon sie überzeugt sind. Sie lassen sich eben nicht in Schubladen stecken. Dabei sind sie keineswegs unsozial: »Ich lasse mich nicht glattbügeln, aber ich bin mir sehr bewusst, dass ich in einem großen ›Wir‹ lebe. Mein ›Wir‹ endet nicht in der Familie oder im Dorf. Gerade durch die Begegnung und Ausdrucksweisen mit anderen Malern habe ich eine eigene Sprache entwickelt, in der sich meine Vision von Europa niederschlägt«, so beschreibt es eine Kunstlehrerin und Malerin.

Für sie war die Kunst eine Brücke, sich mit anderen zu verbinden und dennoch ihr Eigensein zu leben. Ihre Kollegen nennen sie »Außenseiterin mit Teamgeist« und beneiden sie um ihre feste Anstellung als Freiberuflerin. Und eine andere führt ein Doppelleben: Unter der Woche hilft sie in einem Buchladen aus und am Wochenende schreibt sie Radio-Features und Drehbücher. »Ich lebe zwei Leben, deswegen hoffe ich, dass ich doppelt so alt werde«, meint sie verschmitzt, »doch profitiere ich von dem, was ich im Buchladen mit den Leuten erlebe, häufig auch in meiner Schreibwelt.« Seither kann sie Menschen besser einschätzen, begreift schneller, wie sie »ticken« und auch, wie sie zu begeistern sind.

Für eine alte Freundin, die für ihren Spaß am Widerspruch bekannt war, hörte das Arbeitsleben nie auf. Selbst als sie schon sterbenskrank war schrieb sie für ihre ratsuchenden Studenten ein Büchlein mit den wichtigsten Lerninhalten nieder. Zeitlebens war sie ihrem eigenen Unterrichtsstil treu geblieben, hat ihre Studenten begeistert, mit ihnen gefeiert und auf eine Kommunikation von mehr Mitgefühl und Vertrauen hingelebt und -gearbeitet: »Auch wenn ich die meiste Zeit allein lebte, so stehe ich gar nicht allein da. Ich fühle mich nicht als Außenseiterin, auch wenn mein Unterrichtsstil anders und mehr auf Augenhöhe mit den Studenten war. Im Gegenteil, ich habe sie zum Lesen gebracht, zur Sensibilität im Schreiben, habe sie zum Fragen animiert und ihnen Mut gemacht, sich zu engagieren.« Das ist ihr gelungen, die Studenten haben ihr zugehört – und mehr als das. Sie haben sich um sie gekümmert, als sie schon sterbenskrank war.

## Mein Kopf gehört mir!

»Ich muss erst mal meinen Psychotherapeuten fragen«, sagte die Ärztin, über die ihre Kollegen munkeln, sie leide unter dem »Woody-Allen-Syndrom«. Selbst denken ist in der Tat anstrengender, komplizierter, aber auch spannender und interessanter. Unser gesunder Menschenverstand könnte uns erlösen, da eine Lebensform, bei der wir selbst die Regie über unser Denken übernehmen und nicht denken lassen, unseren Radius der Selbstbestimmung erweitert. Das ist auch die Devise, die Hermann Hesse in seinem Buch »Eigensinn macht Spaß« vertritt. Für ihn gibt es keinen anderen Weg, als Ja zu sagen zu sich selbst, zu seinen Gedanken, Gefühlen, zu seinem Schicksal. Wohin der Weg führt, lässt er zwar offen, aber er führt ins Leben, in dieses eigene Gemisch aus Freiheit und Notwendigkeit, in dem wir zwar keine Spielbälle oder Marionetten, aber auch keine selbstgemachten Menschen sind.

Selbst denken gehört zum Glück und ist der Anfang jeglicher Kreativität. Selbst der Königsberger Philosoph Immanuel Kant würde zustimmend nicken: »Habe Mut, dich deines eigenen Verstandes zu bedienen!« Warum sagt er nicht lediglich »Habe den Mut, dich deines Verstandes zu bedienen«? Er geht wohl davon aus, dass das eigene Denken etwas Verwickeltes ist. Etwas, das durch fremde Einflüsse, Indoktrination, Manipulation und Werbung beeinflusst und benebelt ist. Dem will er Wachheit entgegensetzen, im Sinne der Fragen: Ist es wirklich das, was ich denke? Sind das wirklich meine eigenen Gedanken? Möchte ich wirklich so schreiben? Sind das meine Empfindungen und Gefühle? Bestimme ich über mich selbst?

Denken ohne Navigationssysteme, die auffordern: »Folgen Sie den Anweisungen!«, »Biegen Sie rechts ab!«, »Kehren Sie um!« braucht Mut. Den Mut, nicht das zu sagen, zu denken und zu leben, was andere uns vorgeben, sondern sich einen eigenen Kopf zu machen. Wo Köpfe Funken sprühen, da fangen das Herz und die Fantasie auch leicht Feuer. Kluge Leute wissen: Begeisterung, für was auch immer, ist der Schlüssel zum Glück. Und wer erkennt, dass es mehr Freude macht, Seelenverwandte ausfindig zu machen, und nicht allein zu brüten oder von irgendwelchen Geräten gleichgeschaltet zu werden, der hat das Wichtigste begriffen.

Das Wichtigste dabei ist die Fantasie. Nur das, was wir uns vorstellen können, ist kraftvoll genug, um sich zu verwirklichen. »Das habe ich immer schon so gemacht!«, »Das habe ich immer gedacht!«, »So bin ich eben!«: Das sind Parolen, die verhindern, dass die Fantasie eine Chance bekommt. Fantasie – die Vermittlerin zwischen unseren Wünschen, Interessen und Fähigkeiten – vergrößert unsere innere Freiheit. Man braucht sie beim Handwerk, beim Schreiben, beim Spiel, im Bett und in der Küche. Wer eine große Einbildungskraft hat, erlebt Überraschungen, die das Gewohnte durchbrechen und das Alte in einem neuen Licht erscheinen lassen können. Aber eben nur, wenn er sich auch durch Neues berühren, ergreifen und wandeln lässt.

Deshalb lohnt es sich, auf Bäume zu klettern: weil man dort neue Aussichten gewinnt. Bäume, die einen beim Klettern aus der Bequemlichkeit reißen. Bäume, die in ihrer Frische an das erinnern, was wir vergessen, vernachlässigt oder dessen Verlust wir nicht bemerkt haben. Die Fantasie erwacht, wenn wir uns mit allen möglichen und scheinbar unmöglichen Szenarien konfrontieren. Was könnte Unvorhergesehenes eintreten? Was könnte ich plötzlich von mir zeigen, das bisher nur im Verborgenen existierte? Wovon spricht niemand? Was wird ausgelassen? Wo läuft es merkwürdig glatt? Wo ist es so auffallend ruhig?

Es geht darum, die innere Freiheit zu vergrößern. Je offener und vielfältiger unsere Erwartungen sind, desto reicher, lebendiger, interessanter werden unsere Erfahrungen. Uns fallen eben nur die überraschenden Dinge auf, die wir auch erwarten. Ein bekanntes Experiment, das sogenannte »Monkey-Business-Experiment«, demonstriert diese Aufmerksamkeits-Illusion: In den 90er Jahren filmten die zwei Harvard-Psychologen Christopher Chabris und Daniel Simons zwei Teams von Studentinnen, die Basketball spielten. Ein Team trug weiße, das andere schwarze T-Shirts. Die Probanden sollten zählen, wie oft sich die weißen Spielerinnen den Ball zuwarfen. Ungefähr in der Filmmitte passierte etwas Absurdes: Ein als Gorilla verkleideter Student spazierte durch das Spielfeld, trommelte sich auf die Brust und verschwand wieder. Am Ende des Videos wurden die Zuschauer gefragt, ob ihnen etwas aufgefallen sei, ob sie einen Gorilla gesehen hätten. Die Hälfte der Zuschauer schüttelte überrascht den Kopf: Gorilla? Was denn für einer?

Wir glauben, nichts zu verpassen, doch tatsächlich nehmen wir nur das wahr, worauf wir uns konzentrieren. Das Unerwartete kann noch so groß und absurd daherkommen – man übersieht es. »Der Gorilla im Raum« existiert auch in unseren Räumen. Damit meine ich etwas Überraschendes, Unerwartetes, etwas worüber wir nicht sprechen, was uns selbstverständlich erscheint, was dringend oder wichtig wäre, was das Gewohnte durchbricht – aber wir nehmen es nicht wahr, weil wir es nicht erwarten.

Deshalb: Groß, auffallend und anders zu sein genügt nicht. Es ist eine Illusion, dass wir alles Wichtige wahrnehmen. Wir müssen es erwarten, und dazu brauchen wir unsere Fantasie, die unsere Aufmerksamkeits-Illusion durchbricht und unseren Erwartungshorizont erweitert. Das fängt schon beim Fahrradfahren an. Wir fahren besser, wenn wir uns darauf konzentrieren, was passieren soll und nicht auf das, was wir befürchten. Fantasien eröffnen im Innern einen Horizont von Möglichkeiten. Man kann sie ergreifen, ausprobieren und mit ihnen spielen, vorausgesetzt man möchte seine innere Freiheit erweitern.

# Neue Aussichten wagen

## Hier stehe ich, ich kann auch anders!

Eine ältere Frau erinnert sich: Auch sie war einmal ein Kind gewesen. Wenn der Vater nach der Arbeit heimkam, pfiff er kurz, schon stellte die Mutter das Abendessen auf den Tisch, jeden Montag Gemüsesuppe mit Brot und am Freitag Gemüsekuchen. Dann legte er sich aufs Sofa und schaute fern. Erst die Nachrichten, den Wetterbericht und dann einen Film, bei dem er einschlief. »Ich muss wohl eine behütete Kindheit gehabt haben«, meinte sie, »zumindest gab es unerschütterliche Gewohnheiten.« Diese unbeirrbaren Gewohnheiten haben sie immerhin dahin gebracht, sich von ihnen restlos zu verabschieden. Allerdings entging ihr, dass sie sich keine eigenen neuen Gewohnheiten geschaffen hatte.

Sobald sie auf diesen Mangel hingewiesen wurde, wollte sie schleunigst eigene Gewohnheiten erfinden, denn wer die nicht habe, müsse zum Arzt, meinte ein Bekannter. Also begann sie, in Prospekten für Studienreisen zu blättern. Nur noch wenige Plätze seien verfügbar, erfuhr sie. Dann doch lieber zu Hause bleiben, denn da ist genug Platz. Wie wäre es mit einem kleinen Garten? Aber dann kam ihr die Erinnerung an ihre Mutter, die ihren Gemüsegarten derart akribisch pflegte, dass kein Unkraut je das Licht der Welt erblickte. Also blieb die Kochkunst. Auch da verließ sie der

Mut, nachdem ihr Pizzaboden verdächtig nach Gästematratze schmeckte. Sie begann ein Notizbuch zu führen, in das sie aufschreiben wollte, was ihr täglich so ein- und auffiel. Lange fiel ihr nichts ein, aber eines Tages fiel ihr auf, dass sie ihr Notizbuch immer bei sich hatte. Im Café, beim Spaziergang, beim Vortrag, im Schwimmbad. »Ohne mein Büchlein bin ich haltlos«, schrieb sie. »Es ist meine beste Freundin.« Sie hatte es sich zu eigen gemacht und daran gewöhnt.

Diese Geschichte illustriert, wie man im Zusammenspiel von Verweigerung – »Nicht wie meine Eltern« – und dem Wunsch, etwas Eigenes zu finden, zu unbeabsichtigten eigenen Ideen kommt, die einem so etwas wie eigene Heimat oder Beistand verschaffen können. Eigensein ist nicht kalkulierbar und geschieht nicht nach Plan, sondern indem man zunächst einmal realisiert, dass die Rebellion gegen die Lebensart der Eltern auch zu einer Rebellion gegen Bereiche des eigenen Lebens geworden ist. Dieser schmerzlich verspürte Mangel führt zum Wunsch, dem eigenen Suchen und Zögern einen Gang zu geben, indem man etwas tut, das einem hilft, mehr über sich, seine Wünsche, deren Verbiegungen und Entstellungen zu erfahren.

Eigensein beginnt an dieser Bruchstelle, wo wir spüren, was für uns nicht in Frage kommt. Aber es geht viel weiter, weil wir nun nicht mehr umhin können, uns mit uns selbst zu beschäftigen. Sich um sich selbst zu kümmern führt nämlich dazu, dass aus dem reaktiven Nein ein Ja zu etwas anderem, eigenem wird. Fragen eröffnen den Zugang zu der eigenen Wirklichkeit und geben ihr Raum: Was fühle ich? Was will ich? Was sind meine inneren Bilder und Überzeugungen, die mein Denken und Handeln bestimmen? Diese Fragen implizieren aber auch, dass es mit Aufmüpfigkeit allein nicht getan ist, sondern dass wir die Chance haben, anders zu denken, zu fühlen und zu wollen als bisher.

Entscheidend sind nämlich nicht die äußeren Gegebenheiten, sondern wie wir sie interpretieren und bewerten. Und nur in unserer Bewertung hat die Welt psychische Bedeutung für uns. Diese wird maßgeblich bestimmt durch die Erfahrungen, die wir im Lauf unseres bisherigen Lebens gemacht haben. Vieles konnten wir uns nicht aussuchen: unsere Eltern, die Kultur, den Zeitgeist, die familiären Verstrickungen und Verwicklungen. Dennoch bleibt die gute Nachricht: Indem wir erkennen, was wir nicht beeinflussen können, entdecken wir unsere Möglichkeiten, eigen zu sein – und umgekehrt.

»Von dir selbst hängt es ab, ein neues Leben zu beginnen. Betrachte nur die Dinge von einer anderen Seite, als du sie bislang gesehen hast. Denn das heißt eben: ein neues Leben beginnen.« Diese alte Weisheit, die wir Marc Aurel verdanken, könnte der Rahmen sein, in dem wir unserer eigenen Wirklichkeit Raum geben und aus dem Nein zu einem Ja für uns selbst gelangen. Daher die Überschrift: »Hier stehe ich, ich kann auch anders!«

## Fenster zum Leben öffnen

Warum fasziniert der spanische Flamenco-Tanz so viele? Er verkörpert genau die Bewegung, die auch dem Eigensein innewohnt. Eigensein ist eine Bewegung, die in beide Richtungen geht. Zum einen in Richtung Erde – auf eigenen Beinen stehen –, zum anderen in die Aufrichtung nach oben – sich lösen und durchsetzen. Diese Bewegungsfigur findet sich eindrücklich im spanischen Flamenco-Tanz. Im Mittelpunkt steht hier das rhythmische Aufstampfen, das für die Tänzer zugleich Ausdruck von Energie und Erzeugung von vitaler Kraft ist. Beides kommt zusammen, das »Sich-Erden« und das »Sich-Lösen«. Treffen sich Rhythmen und die Schwingungen der Glieder, so spüren wir nicht nur diese Stelle mitten in der Brust, sondern auch unseren Rücken und unsere Eigenständigkeit in seelischer Beziehung. Die Freisetzung von Energie durch körperlichen Ausdruck ist eine der glücklichsten Möglichkeiten, sich zu eigen zu sein und sich aus der Entfremdung herauszuschälen.

Diese doppelgesichtige Bewegung steht für die Freiheit, die wir im Alter haben: aus der Verwurzelung – der Horizontalen – immer wieder in die Lebendigkeit und Kraft – in die Vertikale – zu gehen. Ich nenne es: Fenster zum Leben öffnen. Einer Köchin kann eine Torte gelingen, einer Autorin ein Vortrag, einer Bastlerin eine Korbflechterei, einer Rentnerin ein Gewürzbeet. All das sind Fenster zum Leben und nicht das ganze Leben, dessen Gelingen sich wohl erst am Ende beurteilen lässt. Eine der schönsten Ausdrucksformen, die uns Fenster zum Leben öffnen, ist zweifelsohne der eigene körperliche Ausdruck, weil in ihm alles zusammenwirkt: der Selbstausdruck, die eigene Existenz, die eigene Entfaltung.

Ob sie eine Außenseiterin sei? Das Wort gefällt der Ärztin, die ihre große Liebe zur Jazzmusik pflegt, nicht besonders. Sie verstehe sich eher als Streunerin, die immer wieder gewohntes Terrain verlässt, zu neuen Herausforderungen aufbricht und sich überraschen lässt, was ihr das Leben so heranschwemmt. Dass sie als Jazzsängerin eine eher seltene Spezies vertritt, hält sie nicht für einen besonderen Verdienst. Eigentlich war es eher eine Trotzreaktion gegenüber ihrem strengen Vater, der ihr das Klavierspiel beibringen wollte. Wesentlicher findet sie den Weg, den sie eingeschlagen hat, der mit all dem, was man von einer Ärztin erwartet, ziemlich eigenwillig aufgeräumt hat. Sie ist stolz darauf, dass sie sich vieles selbst erarbeitet hat: »Ich gehe in Klausur, studiere und höre Musik in jeder freien Minute. Ich geriet an einen originellen, charismatischen Lehrer, der mir mit viel Humor über meine Blockierung, mich zu zeigen, hinweghalf.«

Den Mut aufzubringen, sich zu zeigen, war wohl ihre schwerste Lektion. Eine eigene Sprache zu entwickeln, in der Musik wie auch in ihrer Arztpraxis, das wurde ihr fortan zum obersten Ziel. Wie sie zu ihrer Spontaneität fand, wollte ich wissen. Sie schmunzelte und meinte: »Just do it – tu es einfach!«

Zur Lebendigkeit gehört für eine Therapeutin vor allem jene spielerische, schalkhafte Seite, die sie immer wieder auslebt, indem sie Glossen schreibt und diese hin und wieder auch in Lokalzeitungen veröffentlicht. Sie braucht dieses Spielfeld, um ihre kompromisslose Ernsthaftigkeit und Zuverlässigkeit, die professionelle Beherrschung ihres Berufes immer wieder zu unterbrechen. Sie liebt es, Alltagsbegebenheiten ironisch auszuschlachten und sich fern aller akademischen Regelwerke spielerisch auszudrücken. Sie blödelt gern ein wenig herum und sie spielt gern, weil es ihr darum geht, verhärtete Strukturen aufzubrechen und das Gespräch untereinander aufzulockern und zu beleben. Ihr Anliegen lässt die Therapeutin durchschimmern: »Es geht mir darum, weiter offen zu bleiben, Projektionen zu durchschauen und aufzulösen. Und vor allem um eines: im Hier und Jetzt, im Augenblick zu leben.«

Beide Frauen hatten den Mut, gewohntes Terrain zu verlassen und zum Abenteuer des Neuen aufzubrechen. Ihr

Stolz kommt nicht als hohle Attitüde, sondern rührt aus dem Bewusstsein, sich vieles selbst erarbeitet zu haben und mit dem Erwartbaren aufzuräumen. Auffallend ist ihre Angstfreiheit vor den Herausforderungen des Neuen, anderen. Beide haben sich aus ihrer schwelenden Unzufriedenheit herausbewegt, haben Fenster geöffnet, die ihrer Vitalität neue Nahrung gaben. Wie beim Flamenco haben beide sozusagen symbolisch aufgestampft, indem sie sich dem Erwartbaren radikal entzogen haben, Gewohntes verließen und nun im eigenen Rhythmus unterwegs sind. Beide erleben ihr Tun ähnlich wie einen Tanz, bei dem sie die Führung übernommen haben. Beide leben gelassen damit, dass ihr Tanz nicht nur aus Vorwärtsschritten besteht.

## Das Beste wiederfinden

Endlich frei! Endlich selbstbestimmt! Eine der Erzählungen, die eindrücklich beschreibt, wie eine Frau sich dieser Freiheit erfreut, ist »Die unwürdige Greisin« von Bertolt Brecht. Bis zum 72. Lebensjahr war die Frau auf die Rolle als Mutter ihrer fünf Kinder und Hausfrau festgelegt. Mit dem Tod ihres Mannes ändert sie ihr Leben schlagartig, sie beginnt die letzten Jahre ihres Lebens zu genießen, indem sie Kinos und Gasthöfe besucht und neue Freunde findet, mit denen sie sich verabredet. Im Alter endlich frei! Endlich tun und lassen, was sie will. Konventionen sind ihr gleichgültig. Das misstrauische Gerede der Leute kümmert sie nicht. Besonders empört reagiert ihr Sohn, ein Buchdrucker, dessen Familie sehr bescheiden leben muss. Er erwartet, dass sich seine Mutter auch für ihre Enkel aufopfert. Schließlich stirbt die Greisin im Alter von 74 Jahren. Ihr erstes Leben dauerte etwa sieben Jahrzehnte, das zweite nicht mehr als zwei Jahre.

Ist das Lebenskunst: Das Vergangene ruhig stehen lassen, vielleicht weil es auch Erfahrungen gab, die man nicht missen möchte, und dann unbeirrbar weitergehen? Die unwürdige Greisin scheint all das, was die gutbürgerliche Rollenzuweisung an Mütter und Großmütter als Verzicht, Aufopferung und Unterordnung postuliert hat, nicht zu kümmern. Sie ist zufrieden mit ihrem Platz im Wirtshaus, im Kino, bei Fremden und bei Freunden. Bewundernswert, wie selbstverständlich und sicher sie sich bewegt und sämtlichen Erwartungen ein Schnippchen schlägt. Und wenn die Leute sich das Maul zerreißen, die Kinder enttäuscht sind: Das alles beeindruckt sie herzlich wenig. Was wissen sie denn? Geredet wird so oder so.

Heute würden es die Jungen »cool« nennen, wie diese Greisin lebte. Aber was ist es wirklich? Statt auf der Magerstufe des Verzichtens, Hütens und Sorgens weiterzumachen, nimmt sie sich beherzt ein zweites Leben. Nicht um »die Sau herauszulassen«, nicht um anderen oder sich selbst zu schaden, sondern um sich zu eigen zu sein und die Zeit, die ihr bleibt, den selbst gewählten Freuden zu schenken. Woher nimmt sie dieses erfrischende Selbstvertrauen, das ihr die nötige Distanz zu Fremdbestimmung und Erwartungsdruck verschafft? Vielleicht lautet ihre Botschaft, dass unsere Würde nicht von Kindern oder Enkelkindern abhängt. Auch nicht von dem, was andere uns vorleben oder vorsagen, denn die Greisin schert sich nicht um das, was die Leute sagen oder meinen. Älterwerden heißt für sie, aufzubrechen in ein von Familie, Pflichten und Beruf unabhängiges Leben – statt Resignation, Ruhe und Rückzug. Die Greisin führt uns leibhaftig vor Augen: Eigensein ist keine

Theorie. Eigensein ist konkret gelebtes Wollen und Tun, um die zu sein, die man sein möchte. Weg von der angepassten Mutter und Großmutter, hin zu einer selbstbewussten, starken und freien Frau in der Zeit zwischen Alter und Tod.

Auch wenn ihr zweites Leben kurz war gelang ihr das, was manch andere lebenslang nicht wagen: Sie wurde zur Souveränin ihres Lebens. Wenn wir mit ihr sprechen könnten, würden wir bald merken, dass sie viel von Freiheit verstand. Vielleicht würden manche sie belächeln, aber sie erreichte das, wonach wir uns alle mehr oder weniger sehnen: ein waches, geistesgegenwärtiges Leben, um zu überraschen und überrascht zu werden. Vielleicht kommt es gar nicht so sehr darauf an, ob man irgendwo ankommt, sondern ob man einen Weg zurückgelegt hat. Sie ist einen weiten Weg gegangen, und sie hat ihn auf ihre eigene Art und Weise zurückgelegt.

## Vom Sex

Über Sex wird meist nur peinlich geschwiegen. Ich weiß, es ist heikel, sich als über 60-Jährige diesem heißen Eisen zu nähern. Aber damit sind wir eigentlich schon mitten im Thema. Denn Ihre Neugier, etwas über Sex zu lesen, weist ja schon in die Richtung, dass da etwas Prickelndes auf Sie wartet. Allerdings kommen nun zwei Einschränkungen: Erstens ist es etwas anderes, über Sex zu lesen als Sex zu praktizieren, und zweitens existiert das Vorurteil, dass Frauen ab einem bestimmten Alter eigentlich keinen Sex mehr haben wollen und sollen. Allein das unpassende Wort »Ruhestand« suggeriert ja, dass wir endlich Ruhe geben sollen. Natürlich müssen wir nicht mehr unseren Fortbestand sichern. Aber heißt das automatisch, dass wir unsere Partner nicht mehr ins Schlafzimmer locken dürfen? Gut, wir wissen, dass die katholische Kirche es lieber sähe, wenn wir es, falls es denn sein soll, zum Zwecke der Fortpflanzung täten. Aber das Recht auf Sex ist schließlich ein Menschenrecht, oder jedenfalls so gut wie. Eigensein zeigt sich auch im Mut, dieses Thema offen anzugehen, es für sich zu entdecken und zu leben, was für einen selbst stimmig ist.

Andererseits gibt es diese Flucht nach vorn, die diesen Hang zum Vergnügen als Imperativ »Lust bis zum letzten Atemzug« vorschreibt. Ist das nun die Lösung? Selbst wenn es körperlich möglich wäre – denn es gibt ja nichts einzuwenden gegen regelmäßige kleinere oder größere Sexhormon-Schwipse – da möchte ich dann doch lieber nicht dabei sein. Aber die Gefahr ist gering, denn Sex ist eine eher nachlassende Tätigkeit, da die Bluthunde der Lust irgendwann zahm werden, weil die alternde Libido trotz des Kampfes gegen Routine und Lustlosigkeit sich entschärft und an Kraft verliert.

Es fällt auf, dass die meisten über dieses Thema entweder Witze reißen oder schweigen. Wir neigen wohl dazu, über die Dinge, die uns kribbelig oder ängstlich machen, den Schleier des Schweigens zu legen. Aus den Gesprächen ist Sex verschwunden, aber eben nicht aus unseren Köpfen. Wer redet schon gern über Widerstreitendes, das Rückschlüsse auf unsere Potenz zulässt, in einer Gesellschaft, die widersprüchliche Anforderungen an den Einzelnen stellt? Wir sind eingekreist von widerstreitenden Kräften, die einerseits locken und schmeicheln »Du darfst«, die aber andererseits drohen und fordern »Mach dich nicht lächerlich!«, »Zu spät!«. Da kann man eigentlich nur passen.

Es tröstet wohl nicht, wenn wir immer wieder betonen,

dass wir doch im Herzen jung geblieben seien, denn man wird in jedem Organ älter. Das ist auch gut so, wenn auch nicht frei von Verlustschmerz und melancholischen Anfällen. Dass die Libido mit uns altert, heißt aber nicht, dass sie gefühllos, appetitlos oder unglücklich wird. Es bedeutet vielmehr, dass man Lust aus der Sicht des Älterwerdens zu sehen und zu empfinden hat. Ältere Liebe fühlt sich anders an als junge Liebe, ähnlich wie bei den Masern. Beide Male sprechen wir auf etwas an, das in uns aktiviert wurde. Und beide Male setzen wir uns seelisch in Bewegung, verlassen unseren trägen Panzer und öffnen uns für ein Ineinander, das weit hinausgeht über die körperliche Nähe. Auch wenn das Liebesthermometer unterschiedliche Temperaturen anzeigt: Die in uns existierende Liebe, im Gegensatz zur puren Lust, erkaltet nie völlig. Dort, wo Liebe ist, finden Kleingeist, Kleinmut, Neid und Geiz keinen Einlass. Egal wie alt wir sind, was – außer der Liebe – lässt uns unser kleines Selbst vergessen? Was uns zu Feuerköpfen macht, verdanken wir doch schließlich der Liebe. Wie und mit wem wir diese Liebe gestalten und feiern, das gehört uns selbst. Es ist Privatsache.

Kann es uns also kalt lassen, wenn die Liebe erkaltet? Wollen wir zu jenen gehören, die sagen »Es war einmal«? Sicher nicht. Das bedeutet nun nicht, dass wir wieder jung sein wollen, sondern dass wir unser Ohr bis zum Schluss offen halten für den Ruf der Liebe; wann immer Amor den Pfeil in unsere Richtung abschießt und uns hoffentlich den Richtigen schenkt. Liebe ist der Königinnenweg zum Glück. Wo Liebe ist, fällt immer auch Glück als Nebenprodukt ab. Wer liebt, rebelliert gegen die herrschende Gleichgültigkeit und Langeweile. Wer liebt, braucht keine stinkenden Kneipen und keine Spielautomaten.

Das Besondere, das mit den Jahren noch mehr durchschimmern darf, ist die Verbindung von erotischem Vergnügen und liebender Güte, die sich nach dem sehnt, was zeitlos innig währt. Ging es uns früher eher um das Haben, so rückt nun das Sein in den Vordergrund. Da vermischen und ergänzen sich nicht nur zwei Körper, sondern auch zwei liebende Geister. Wir können letztlich nicht allein sein. Wir brauchen Ergänzung. Warum lieben so viele ihr Auto? Weil es uns beides bietet, es ergänzt uns, indem es materialisierter Begleiter und Höhle ist und gleichzeitig Ausblicke auf die Welt gewährt (Sloterdijk 2013). Wir ergänzen uns immer, sei es durch das Klavier, Bücher, das Fahrrad, den Laptop, die Katze, das Gebet oder das innere Gespräch; sei es durch einen sichtbaren oder verborgenen Anderen. Am intensivsten ist es, wenn wir uns durch Sexualität und Liebe ergänzen, weil sie dem Schweren des Lebens etwas entgegensetzen. Gegen diese himmelstürmende Kraft hat die Schwerkraft schlechte Karten. Selbst wenn die Liebeskraft nicht immer erotische Funken sprüht oder flammendes Prickeln hervorruft, sie verkörpert dennoch das Ferment, das uns lebendig und mit anderen liebend verbunden bewahrt.

Warum die Sehnsucht nach Liebe in uns angelegt ist und überleben wird, zeigt dieser wunderschöne Mythos aus Platons Symposium von Aristophanes: Ursprünglich war jeder Mensch ein rundes Ganzes, mit zwei Rücken und Seiten, die einen vollen Kreis bildeten, und mit zwei einander völlig ähnlichen Gesichtern, die auf einem rings herumgehenden Hals saßen, wobei die beiden Gesichter an einem gemeinsamen Kopf saßen und in entgegengesetzte Richtungen blickten. Aber die geballte Kraft dieser Menschen und ihre Überheblichkeit irritierte die Götter derart, dass Zeus sie in zwei Hälften hacken ließ. Die zerrissene Haut wurde in der Mitte zusammengeknotet – so entstand unser Bauchnabel.

Vielleicht sollten wir immer mal wieder unseren Bauchnabel anschauen oder berühren, weil er uns an das erinnert, was wir nie vergessen sollten: die Liebe.

## Glühende Wärme

Wer liebt, möchte an die Ewigkeit glauben. Man will den Liebesfaden immer weiter spinnen, wenn da nicht die Gefahr wäre, dass der Faden dünner wird oder reißen könnte. Früher hielten die Ehen länger, weil es nicht anders ging. Oder hat man einfach mehr ausgehalten? Heute weiß man: Eheliches Glück ist wechselhaft. Wenn man mit dem Partner nicht mehr glücklich ist, dann wenigstens glücklich geschieden. In den Jahren, so heißt es in den Ratgebern, sei die Ehe hauptsächlich gefährdet durch die nachlassende sinnliche Anziehung, die abnehmende körperliche Attraktivität und die zunehmende Gewöhnung aneinander. Dementsprechend sollen Frauen nicht nur Pfannen, Fußböden und Enkelkindernasen putzen, sondern vor allem ihr eigenes Äußeres, zur Rettung und Instandhaltung der erotischen Angriffsfläche. »Ich putz doch nicht den Küchenfußboden, weil ich Angst vor meinem Mann habe, dumm bin oder weil mir jemand eine Gehirnwäsche verpasst hat. Ich tue es einfach, weil es irgendjemand tun muss«, so reagiert eine ehemalige Journalistin. Und was das Putzen der eigenen Erscheinung betrifft, so meint sie: »Wenn ich auf meine Schuhe schaue, so haben sie jetzt einen ziemlich eingewohnten Zustand erreicht, und meine Jeans waren eigentlich für meine Tochter gedacht, aber ihr waren sie zu groß, und die Jacke stammt aus dem Second-Hand-Laden. Sie muss früher mal sehr teuer gewesen sein. Soll ich mich in Seidenstrümpfe, High-Heels, in Negligés oder heiße Dessous zwängen? Mein Mann würde ohnehin nur sagen: ›Zieh dir was an, du frierst. Wo sind deine Klamotten?‹ Oder: ›Gell, du hast wieder zugenommen?‹ Oder noch schlimmer: ›Ich bin saumüde. Wann gibts endlich Abendessen?‹«

Was diese Frau beschreibt, klingt zumindest entspannter als das hektische, einengende, krampfhafte und oft vergebliche Bemühen, das begehrte Gut immer wieder neu zu ergattern. Als würde man im Ernst daran glauben, dass die eheliche Anziehung von der Illusion der Aufmachung abhängt. Oder als würde man es nicht wagen, dem Abbau des Körpers und der Erschlaffung der Gesichtszüge ohne Verleugnung oder Ablenkung durch Fassadenarbeit entgegenzusehen. Was mir missfällt ist, dass hier der Kampf gegen die Lustlosigkeit und Routine allein auf Seiten der Frau verbleibt: Sie soll sich aufpeppen, sie soll jugendlich erscheinen, sie soll seine Lust anstacheln, sie soll viel mit der Liebe im Sinn haben, sie soll die eheliche Temperatur aufheizen.

Es ist wohl in Vergessenheit geraten, dass in das erotische Begehren noch ganz andere Elemente einfließen als nur die durch Styling und Kleidung erzeugte Wirkung des Äußeren. Außerdem überschätzt man die Auswirkung einer schönen Fassade. Wie viel attraktiver ist doch ein mit Lässigkeit getragener dicker Hintern oder eine zu lange Nase als jene Aufmachung oder Verschönerung, die so merkwürdig angestrengt daherkommt. Eine Ehe ist ja keine Diskothek, in die man eintritt, um das gefräßige Auge zu füttern, und wieder austritt, wenn man genug hat. Ist es wirklich zum Fürchten, wenn das sexuelle Begehren mit den Jahren abnimmt? Muss man denn konform gehen mit diesem Klischee – ein Paar, das ständig Lust sucht und Liebe macht? Vielleicht sollte man das, was eine Ehe letztlich bedeutet, mal von einer anderen Warte aus betrachten. Von unseren Eltern werden wir ins Leben begleitet, und von den Partnern, die wir uns selbst aussuchen, werden wir bis zum Tod begleitet, weil wir nicht allein sterben wollen. Ich verkürze bewusst ein wenig, weil ich klar machen möchte, dass dieser Kampf um das heiße Begehrtwerden auch damit zusammenhängt, dass wir es nicht wagen, unseren Tod kommen zu sehen. Seine Vorboten sollen möglichst verleugnet oder übertüncht werden, gepaart mit anstrengenden, stets neuen und vergeblichen Versuchen, Gevatter Tod zu überlisten oder mit ihm zu handeln.

Eheliche Intimität, die diese Perspektive miteinbezieht, zeichnet sich durch Vertrautheit und Zärtlichkeit aus und nicht durch sexuellen Sportsgeist. »Ehe ist nichts anderes als ein sehr langes Gespräch«, so schreibt Friedrich Nietzsche. Dass die Liebeslandschaft in einer Partnerschaft sich in Richtung Innigkeit und Freundschaft entwickelt, verdient weder Häme noch Spott noch Mitleid; allenfalls milde Melancholie beim Schwelgen in Erinnerungen an anfängliche Liebesstürme. Selbst in der größten Vertrautheit bleibt immer noch ein Stück Fremdheit, das fasziniert und für Spannung sorgt. Man liebt ja, wenn man länger zusammen ist, irgendwann einen anderen als den, den man zu lieben begann. Dass solch eine Bindung auch ein Kunstwerk sein kann, darüber hört und liest man wenig. Vielleicht, weil sie so unspektakulär daherkommt, weil sie im Stillen geschieht, am Küchentisch, beim Spaziergang oder in der Badewanne. Der sonst so witzige Joachim Ringelnatz schrieb: »Was lange währt, ist leise.« So ist Eheglück, das aus Liebe in die vertraute Innigkeit wächst.

Mit glühender Wärme kann man zusammen alt werden, weil diese Spielart der Erotik nichts beweisen oder erzwingen will. Sie ist liebenswürdig, weil sie es ermöglicht, trotz aller Verluste, Versagen und Gebresten leichten Sinnes zu bleiben. Sie ist eigen, weil sie sich weder dem Klischee kosmischer Harmonie noch irgendeinem verordneten lustvollen Treiben verschreibt. Sie hütet das Liebesgeheimnis, zu dem nämlich auch gehört, dass man mitunter gemeinsam im Regen steht.

Teil eines Paares zu sein ist zwar schön, aber man darf nicht verschweigen, dass Liebende einander auch die Hölle bereiten. Zumindest verdoppelt sich die Gelegenheit zu leiden, wenn man zu zweit ist. Und mit den Jahren kann das allzu eingespurte Leben danach schreien, Raum für Ausflüge ins Überraschende, Unvorhersehbare zu schaffen. Für manche reicht die eheliche Praxis: »Jemanden finden, den man für eine sehr lange Zeit ärgern kann.« Suchen wir unsere Partner womöglich genau wegen dieser spezifischen Ärgernisse?

»Früher dachte ich, das Leben mit einem Mann würde mich erlösen. Hauptsache, ich finde den Richtigen und wähle das richtige Leben«, erzählt eine Mutter von zwei Kindern. »Nichts mit wählen«, erkennt sie jetzt. »Entweder war ich Hausfrau und hatte abends Zeit zum Lesen, oder ich ging arbeiten und putzte und bügelte abends.« Bis heute findet sie es ungerecht, dass ihr Mann ihr hin und wieder freiwillig hilft, weil es ja eigentlich ihre Sache sei, den Haushalt zu managen. Sie ist beleidigt über sein Wohltätigkeitsverhalten und über diese Schieflage der Rollen: Er der ewige Amateur in Sachen Haushalt, sie die Professionelle, die rundum zuständig ist. Sie spricht sogar von Hassliebe, die sie jetzt im Alter heimsucht, seit die Kinder aus dem Haus sind. Schuldbewusst bekennt sie: »Da waren mir die Kinder schon viel lieber. Die waren wenigstens immer da. Die haben mich auf Trab gehalten und mir unbegrenzt viel Sorgen und Glück geschenkt.«

Im Volksmund heißt es so treffend, dass, wer liebt, auch hasst. Dass diese Frau den Hass jetzt im Alter spürt, hat womöglich damit zu tun, dass sie zu spät hingeschaut hat. Zu lange hat sie beleidigt ausgehalten, sich von ihrer Wut abgelenkt durch ihre Kinder. Und nun, da die Kinder aus dem Haus sind, hat ihr Hass keinen Ausweg mehr und beginnt, sich gegen ihren Mann zu wenden. Was könnte ihr aus dieser Sackgasse helfen? Ein Wutanfall, der alle Sicherungen raushaut? Ihm ein Plätzchen am Herd freimachen? Ihn den Küchenboden putzen lassen? Wahrscheinlich würde sie sagen: »Junge, was du auch putzt, du machst es einfach falsch.« Falls es einen Rat gäbe, so allenfalls einen recht unkonkreten: Statt sich weiter in das Unglück des »Einander-nicht-Verstehens« zu stürzen, wäre es vielleicht an der Zeit, die Fenster und Türen ihrer eingefahrenen Beziehung zu öffnen und viel frische Luft hereinzulassen, ruhig ein bisschen Durchzug. Denn das elfte Gebot der Ehe lautet: »Du sollst nicht langweilen.« Vielleicht müsste sie gar nichts Spezielles tun, sondern sich nur mit lässiger Liebenswürdigkeit neues Terrain erobern. Also keine krampfhaften Verrenkungen, sondern: sich vorwagen und einen Schritt ins Freie tun, um zu erkennen, dass es auch Glück und Lachen außerhalb der Ehe gibt, sodass beide später sagen können: »Es ist nicht mehr, wie es war und wie es weitergeht, da lassen wir uns überraschen.«

# Pfiffig älter werden

## Hinschauen, statt zu resignieren

Wir dachten, uns stehen die Türen offen und wir werden belohnt, wenn wir uns klaglos fügen, zufrieden geben, verleugnen, gefällig, nett und liebenswürdig geben und das Gebot »Nimm dich nicht so wichtig« befolgen. Je nach Temperament und Mut mögen manche eigenwilliger und lauter, andere angepasster und zurückhaltender sein, aber im Grunde ist es für Frauen bis heute verpönt, als schwierig, widerspenstig oder eigensinnig zu gelten. Jedenfalls ist bei Mark Twain zu lesen, dass unsere Gehorsamkeit uns keine Erlösung, sondern Einsamkeit beschert. »Sei artig, und du wirst einsam sein!«, so lautet sein Fazit. Nun verstehe ich auch die Aussagen vieler älterer Frauen: »Ich bin mir abhanden gekommen«, »Ich spüre mich nicht mehr«, »Ich habe mich irgendwie verloren«, »Ich fühle mich leer«. Lange Jahre haben viele ihre Kraft, Aufmerksamkeit und Zeit darauf verwendet, gebraucht zu werden oder sich von Verschönerungs- und Verbesserungsbemühungen auf unproduktive Weise besetzen zu lassen. Und nun die bittere Erkenntnis: Keiner klatscht, wenn man artig ist. Im Gegenteil, es scheint das Los der Artigen zu sein, dass sie unbemerkt, fast wie unter »ferner liefen« mitlaufen. Sie sind weder die Guten, die Interessanten, die Geretteten, noch die Erfolgreichen, sondern eben nur die Artigen geworden.

Und oft genug auch die, die sich langweilen oder andere als langweilig empfinden und wenig fühlen, weil ihnen die Fantasie abhandengekommen ist.

Solange sie diesen Verlust an Pfiff noch rechtzeitig bemerken und ein wenig Neugier und Energie aufbringen für sich selbst und für das, was in eine andere Zukunft führen könnte, kann sich ihr Geschmack am Leben ändern. Sie würden vielleicht sagen: »Ich habe noch gar nicht richtig gelebt – aus Artigkeitsgründen!« Es käme Farbe in ihr Gesicht und Glanz in ihre Augen, weil sie sich als lebensvolle Frauen fühlen, die sich noch überraschen und vom jahrelangen Funktionieren und Nettsein entspannen könnten. Eine Frau begann damit, sich eine »To-stop-doing-list« anzulegen, in die sie alle Dinge eintrug, die sie nicht mehr tun wollte. Auf die Frage, weshalb sie gerade jetzt, nach ihrem 60. Geburtstag, damit beginne, meinte sie: »Mein ganzes Leben war ein mühsames ›Du musst‹. Dann begann ich zu trinken, erst den herkömmlichen Rebsaft, dann den Biowein, weil ich mich danach immer spürbar gesünder fühlte. Bis ich irgendwann merkte, wie viel ich schon verloren hatte. Ich habe sogar ein Bäuchlein bekommen und war schon viel zu lange unbeschlafen. Als mir dann mein Mann sagte, ich sähe überhaupt nicht mehr gut aus, obwohl er selbst XXXL trägt, war mir klar: ›Jetzt reicht's!‹ Ich hatte plötzlich furchtbare Angst vor dem, was mir noch verloren gehen könnte. Erst schrieb ich die Liste für mich, dann hängte ich sie als Plakat in der Küche auf, sodass auch er sehen konnte, dass es mir tierisch ernst war.«

Sie beschwerte sich nie, und nun ging der Schuss nach vorne los. Bisher kannte sie nur drei Regungen: einkaufen gehen, fernsehen und darauf warten, dass ihr Mann möglichst oft verreist. Nun wachte sie auf und realisierte, was sie nicht mehr sein wollte und sein konnte. Sie wurde sogar regelrecht wütend, da sie endlich wahrzunehmen wagte, dass sie erotisch eigentlich nie zum Zug kam. Was lange in ihr gärte, wurde nun endlich Wut.

In der Tat ist es eine respektable Leistung, noch rechtzeitig hinzuschauen, statt zu resignieren. Zeigt diese Geschichte doch, dass man sich nicht durch die Bejahung einer absurden Existenz, sondern eher durch einen Wutausbruch befreit. Dann erkennt man vielleicht, dass es die falsche Hoffnung auf Erlösung oder die Trägheit war, die einen hinderte. Die Wut dagegen, die einen für sich selbst Partei ergreifen lässt, wirkt wie ein Bagger, der das Unterste nach oben bringt. Plötzlich hat man sich, statt sich auszuweichen, wieder viel zu sagen. Außerdem ist es lustvoll, in die Kraft zu gehen, weil man anschließend aufrechter dasteht und etwas durchbluteter aussieht.

Haben wir vergessen, was hinter uns liegt? Die freche Göre, die wir einst waren, das Mädchen, das auf der Wiese Blumen pflückte, das laute Lieder sang, Fußball spielte und Purzelbäume schlug? All diese Bilder tragen wir noch in uns. Und wir kennen Märchen und Geschichten von Mädchen, die subversiv oder anarchisch genug waren, um uns vor Augen zu führen, dass Bravsein nicht klug, sondern manchmal sogar borniert und betriebsblind macht.

Pippi Langstrumpf war solch ein Vorbild. Astrid Lindgren führt uns hier ein Mädchen vor Augen, das machen kann, was es will und sich nichts gefallen lässt. Vor allem nicht von Erwachsenen. Stark, verwegen, ungehemmt und lustig lebt sie ihre Eigenart. Rechnen kann sie nicht, dafür aber Pferde hochheben und ganze Torten verschlingen. Generationen von Mädchen hat sie ermutigt, Spaß zu haben und an die eigenen Fähigkeiten zu glauben. Diese rebellische, unkonformistische Göre im Lumpenlook mit knallroten Zöpfen und Sommersprossen, die in einer maroden Villa haust und sämtliche Autoritäten ignoriert, war anarchisch genug, um unser angepasstes Bravsein als Gefängnis zu entlarven. Wenn Pippi nur ein nettes, fröhliches Mädchen gewesen wäre, hätten wir sie längst vergessen. Als rotzfreche Göre wird sie von Kindern und Erwachsenen bis zum heutigen Tag auf der ganzen Welt geliebt.

Wir brauchen solche Geschichten wie die von Pippi, wohl wissend, dass sie von einer Erwachsenen geschrieben wurde, die darin ihrer Sehnsucht nach Unbefangenheit, Unbekümmertheit und Rebellion Ausdruck gab. Geschichten helfen uns, uns daran zu erinnern, was wir vergessen haben, weil wir erwachsen werden wollten. Sie führen uns an vergessene Orte, in Winkel unserer Seele und schenken uns ein Stück verlorene Zeit, die wir wiederentdecken dürfen. Allerdings betreten wir Kinderlandschaften immer mit den Augen einer erwachsenen Frau und nicht als ewig Zwölfjährige. Das wäre weder möglich noch erstrebenswert. Was uns von Pippi unterscheidet, ist unsere erwachsene Bewusstheit, unsere Erfahrung, die wir im Lauf der Lebensjahre gewonnen haben, die uns sinnvolle Folgerungen ermöglicht. So mischt sich in unser Pippi-Lachen eben auch ein Hauch Melancholie, in unsere Pippi-Rebellion ein Verlust an Energie und in unseren Wunsch nach anarchischer Souveränität eine Wehmut, die weiß, dass man unmöglich von allem frei sein kann. Dennoch müssen diese beiden Ansprüche von Mädchen und Frau keineswegs zu dauerhaften Konflikten führen. Sie können nebeneinander leben. Es kann durchaus gelingen, den Mädchen, die wir einst waren – es ist ja nicht nur eines, sondern eine ganze Schar: die 6-Jährige, die 12-Jährige, die 17-Jährige – die

Unbefangenheit zu geben, und der Erwachsenen die Abgeklärtheit oder das kritische Denken, das sie braucht.

Ein erster Schritt wäre, dieser Mädchenschar in uns Raum zu geben. Das wäre eine echte Bereicherung, die zudem verhindert, dass wir uns allzu früh dem verschreiben, was das Altern beschleunigt. Wäre es nicht eine schöne Idee, uns immer wieder zu gestatten, ein glückliches Mädchen zu sein, um eine glückliche Alte zu werden?

## Kleine Sünden

»Was machen denn die anderen Frauen am Abend?«, sinniert eine Mutter, deren Kinder nun alle auswärts leben. »Was tat ich eigentlich früher? Mir fällt nichts ein.« Sie könnte jemanden anrufen und ein wenig plaudern, aber ihr fällt niemand ein. Außerdem sind sowieso alle beschäftigt. Sie liest Zeitungen, sucht nach Kochrezepten, findet sie alle irgendwie eklig, trinkt einen und noch einen. Schluckt und starrt Löcher in die Luft. Traurig ist sie und bemitleidenswert. Ihre Bekannten besuchen abends Kurse, lernen Yoga oder Töpfern, Drechseln oder Bauchtanz, Astrologie oder Spanisch, Erste Hilfe oder Karate. Eine übt sogar täglich Gitarre und verbringt ihr Wochenende mit Seidenmalerei. Klingt ja alles recht interessant, findet sie. Zumindest wäre es für die Gehirnzellen sicher besser als Zeitunglesen. Es würde sie schon interessieren, ob ihr Gehirn seine ursprüngliche Größe wieder erreichen könnte oder ob die Zellen schon abgestorben sind. Aber was soll sie in einem Kurs, der fast ausschließlich von Frauen besucht wird? Dann lieber ein Kurs, der etwas mit Gestalten zu tun hat, da kommen vereinzelt auch Männer. Vielleicht ist ja jemand dabei, für den sie sich mal wieder begeistern könnte.

Sie erinnert sich an dieses letzte unselige Fest vor Jahrzehnten, an dem sie einen Abend lang zu lächeln versuchte, als ob sie an etwas Geheimnisvolles denken würde. Sie erinnert sich nur noch, dass sie sich damals wie eine 16-Jährige fühlte, die sich bis auf die Knochen schämt, übrig zu bleiben. Und so war es auch: Außer der Gastgeberin und ihrem Mann, der ihr ab und zu kräftig einschenkte, kam niemand. Nur einer, der nach ein paar Sätzen zum Buffet wechselte und lieber Hühnchensalat aß. Keiner fragte sie nach ihrem Namen, nach ihrer Handynummer oder Kontonummer und kein einziger zeigte irgendwelche zweideutigen Absichten. Das war es also. Keine Abenteuer mehr außer Supermarkt, Frauenarzt, Garten anlegen, Sonntagsspaziergang und aus dem Fenster starren. Wo bleibt er, der mich nach Florenz entführt, der meine Talente entdeckt, mich zu neuem Leben erweckt? Den einzigen Traum, den sie sich gelegentlich gönnt, ist der von zwei Männern – einer zum Kochen und einer zum Putzen. All die halboffenen Türen, diese köstlichen Verheißungen, diese möglichen Lebensentwürfe sind zusammengeschrumpft auf dieses ernüchternde »Mehr Abenteuer ist wohl nicht drin«, obwohl sie am liebsten aufstampfen würde: »Ich möchte eine andere sein. Ich möchte anders leben.« Selbst wenn sie ein Abenteuer eingehen würde, wären es nur ein paar schöne Momente im Vergleich zu den endlosen Stunden, die sie mit staubsaugen, Gemüse schnippeln, Brote schmieren und Zeitunglesen verbringen müsste, denkt sie bei sich. Und überhaupt, der ruhige Schlaf macht ja fast die Hälfte des Lebens aus. Also kann so ein Abenteuer doch nicht so wichtig sein.

Zwar ist der Übergang ins Alter nicht der letzte Abschied, aber er ist in mancher Hinsicht abschiedlicher als uns lieb ist. Wir realisieren: Es gibt keinen Weg zurück. Keine Umkehr. Die geschilderte Frau erlebte es als »kein Mann«, »kein Abenteuer mehr«. Für andere heißt es, halboffene Türen zu schließen, an Kinder, Enkelkinder weiterzureichen und sich damit anzufreunden: »Das ist jetzt mein Leben.« Eine imaginäre Grenze, die aber auch etwas Verwegenes bekommt, für manche sogar etwas Subversives oder einen Hauch von Abenteuer. Es bleibt keine Zeit mehr für kindische Trotzanfälle, weil das peinlich ist und als Regression gilt. Und wenn jetzt die Überzeugung wächst, doch endlich zu zeigen, dass eine Tina Turner in einem steckt und nicht nur eine Buchhalterin, dann kann man nur empfehlen: Es gibt bessere Arten, seine Kräfte zu verschleudern. Was bleibt, sind diese kleinen Sündenfälle – die weinselige Plauderrunde auf dem Balkon, die luxuriöse Langeweile werktags, wenn die anderen schuften, die wie ein subversiver Angriff auf die eigene Moral wirkt. Nackt baden im See und stundenlang in der Sonne liegen. Oder die vielen gefahrenen Kilometer, die man auch ruhig zu Fuß hätte gehen können. Lauter kleine Leuchtfeuer der Bewegungsfreiheit, der Subversion, der kleinen aufregenden Sünden, die sagen: Heute bin ich Rebellin! Heute lege ich eine ausgiebige Siesta ein. Heute gönne ich mir das Glück der Verweigerung! Einfach, weil ich es will!

## Der Realität trotzen

Es gibt kein Muss mehr. Kein so tun als ob. Kein Wettlauf. Kein Gegockel. Kein Gebuckel. Keine Wichtigtuerei. Es gibt nur noch das eigene Leben, dessen begrenzte Zeit man allmählich zu spüren beginnt. Wie wäre es denn, einen Nachmittag vor der Haustüre im Freien zu verbringen, ein Buch zu lesen, den Blick schweifen zu lassen und die Bilder, die er sich rahmt, auszukosten, dem Plätschern eines Baches zu lauschen und die Seele zu erfrischen, statt sich ein Programm mit Küche putzen, telefonieren, trübe Ecken entstauben, Spinnweben jagen und entscheiden, was es heute zum Abendessen geben wird, aufzuerlegen? »Ich kann doch nicht einfach bei Tageslicht lesen«, meint eine ältere Dame. Außerdem müsse sie tagsüber immer alles aufräumen, die Zwetschgen und die Trauben ernten, denn sonst sei ihr seelisches Gleichgewicht gestört.

Warum sollte man nicht ab und zu einfach sitzen und schauen, so dass einem die Augen weit aufgehen? Wenn die anderen Karriere machen: wie aufregend für sie. Wir müssen nicht mehr rennen wie die Hasen, uns abhetzen, buckeln und auf so vieles verzichten. Sollen doch die anderen auf den Mount Everest klettern, nach Kreta, Kalifornien und Korfu reisen oder mit Delfinen schwimmen. Sollen sie bauchfrei gehen, sich in knallenge Hosen zwängen. Solange sie sich nicht erkälten und noch Luft bekommen, kann man sich nur freuen, dass man selbst herzhafter und lässiger aus der Tiefe des Bäuchleins lachen kann. Sollen sie als Einserhirsche in der Stauherde stehen oder mit ihren metallenen Brunftschreien über die Autobahn fegen. Sollen sie in Aktionismus verfallen, es reicht doch die Erfahrung, dass sie das ohnehin anstrengende Leben nur noch mehr zukleistern.

Sterne bei Nacht bestaunen, Fahrrad fahren, im Heu rumpurzeln, einen Schwatz im Blumenladen halten, ein Farbenspiel bewundern, irgendwelchen Düften folgen, einen Nachtspaziergang machen, das reicht in dieser Richtung. Eine meinte sogar: »Barfuß laufen bis ins Grab!« Das soll kein Lob der Faulheit oder Weltferne sein; es genügt zu begreifen, dass es nicht an der Arbeit oder am Luxus liegt, ob wir selig werden, sondern dass wir nicht mehr gegen uns selbst angehen müssen.

»Nicht träge, sondern gelassen werden«, dieser Leitspruch der Journalistin Sybil Gräfin Schönfeldt weist in diese Richtung. Abwägen, was der eigenen Seele bekommt. In längeren Zeitbögen denken, arbeiten und faulenzen. Freche Gelassenheit üben, um die Ohrfeigen des Lebens abzufangen. Kapieren, dass die Ohrfeigenhormone eher durch Wurstigkeit abgebaut werden. Bleiben lassen, was man nicht gern tut. »Das muss man sich aber erst einmal leisten können!« heißt es dann. Da frage ich zunächst: »Muss man wirklich?« Meistens muss man nämlich nicht. Natürlich kann etwas danebengehen oder unelegant rüberkommen, und viele nervt dieses selbstbestimmte Tun und Lassen ungemein. Aber ist die Alternative besser? »Wenn erstmal« die Wohnung renoviert, »wenn erstmal« Weihnachten vorbei, »wenn erstmal« der Vortrag geschafft ist? Lieber vorsichtig, angepasst, pünktlich, rundum abgesichert? Das klingt doch alles recht reizlos. Bei der Strategie, Unaufgeräumtes, Unwägbares, Ungewisses möglichst rasch hinter sich zu bringen, damit es »später« vernünftig und termingerecht weitergehen und nicht allzu viel passieren kann – da passiert eben auch nicht viel.

»Ich habe durchgehalten, wo ich hätte gehen sollen. Ich habe geschwiegen, wo ich hätte reden sollen. Ich habe geduldet, wo ich hätte aufschreien sollen. Ich habe gelacht, wo mir zum Weinen zumute war. Ich habe gelächelt, wo ich hätte zornig werden sollen. Ich habe zugehört, wo ich selbst hätte reden sollen. Ich habe zugeschaut, wo ich hätte einschreiten sollen.« So lauten viele Sätze von Frauen, deren Ideal vom richtigen Leben so hell strahlte, dass sie sich blenden ließen. Sie wollten es besonders richtig machen oder sich möglichst unauffällig durchleben, damit nur ja nichts passiert. Aber solche Anpassung und Rechtschaffenheit bringt nicht das Ersehnte und auch nicht die Achtung, die sie bräuchten. Auch wenn sie nicht leicht zu ertragen sind, bringen einen diese Momente, in denen man hinschaut und fragt: »Was tue ich eigentlich?« ganz nahe zu sich selbst. Der Wille zur Selbstbehauptung meldet sich. Die Frage ist nur, wie man es anstellt, ins Freie zu gelangen. Vielleicht ändert sich nach außen gar nicht viel, dafür aber an der inneren Haltung.

Ein erster Schritt wäre, einmal innezuhalten, statt sich deprimiert an Wertlosigkeitsgefühlen festzubeißen oder aus Angst vor Langeweile oder Verdummung unermüdlich damit beschäftigt zu sein, gebraucht zu werden. Die eigenen Gefühle ernst zu nehmen, statt vorwegzunehmen, was andere fühlen könnten und dies auszugleichen. Zu wagen, sich in meditativen Weiten zu verlieren und den anderen zuzuschauen, wie sie sich so emsig abmühen, bis ihnen ihr strenges Ego gestattet, sich gut fühlen zu dürfen. Nicht alles muss pragmatisch und nützlich sein. Wenn wir nämlich stets nützlich sind, werden wir auch benutzt und ausgenutzt. Selbst wenn der Wind heftig bläst, sind wir negativen Gedanken über unsere Nutzlosigkeit nicht ausgeliefert. Wir können uns gegen den Wind stemmen und verhindern, dass schädliche Gedanken wie sich selbst erfüllende Prophezeiungen wirken. Negative Gedanken produzieren einen »Hefe-Effekt«, das heißt, sie nehmen sehr rasch zu. Die Folge: Man selbst wird immer weniger und landet in einem Käfig negativer Gedanken ohne Ausblick und Ausweg.

Statt in die Sackgasse der Opferrolle zu geraten – »Niemand versteht mich«, statt in der Angst steckenzubleiben – »Das wird böse enden«, statt die Frustration überhand nehmen zu lassen – »Je mehr ich mich anstrenge, desto weniger funktioniert es« oder statt eine depressive Haltung einzunehmen – »Mein Leben ist nichts wert«, sollte man auf solche erschöpfenden Refrains verzichten und der Realität trotzen. Man kann Alternativen suchen, die einen von diesen hartnäckigen Gedankengängen wegbringen. Man kann aufhören, Gedanken wiederzukäuen, die einen hilflos und schwach machen. Man kann sich distanzieren, indem man sich an den altbekannten Poesiealbumspruch hält: »Gott gebe mir die Kraft, unerträgliche Situationen zu verändern, die Geduld, nicht veränderbare Situationen zu ertragen, und die Weisheit, das eine vom anderen zu unterscheiden.« Um sich aus dem Sog schwächender Gedanken herauszuziehen kann Eigensein manchmal auch ganz praktisch aussehen: spazieren gehen, den Schrank aufräumen, tanzen, eine Aktivität ausführen, die gleichzeitig Konzentration und Körpereinsatz fordert, wie beispielsweise den Kühlschrank säubern. Wem es gelingt, währenddessen auch noch auf Gedanken wie »Ich muss meinen Ex anrufen«, »Ich sollte meine Mutter besuchen«, »Ich habe Angst«, »Das ist zu schwer« und andere selbstdestruktive Phrasen zu verzichten, die die Angst kitzeln und einen noch tiefer ins Loch fallen lassen, der hat berechtigte Hoffnung, dass sich diese gesunde Trotzkraft wieder meldet, die ihre eigenen Mantras hat. »Die anderen sehen die Welt anders.« »Ich muss nicht die Probleme meiner Freunde/Geschwister/Familie lösen.« »Ich muss nicht über potentielle Krankheiten nachdenken; das bereitet ohnehin nur Kopfschmerzen.« Und die Krönung: »Ich kann weder alle Beziehungen lösen, noch muss ich sie alle lösen.«

Ich spreche nicht von der Verklärung negativer Gedanken. Ich halte auch nicht viel vom sogenannten »positiven Denken«, weil es aus Mangel an Information eher das Gegenteil von Denken ist. Zwanghafter Optimismus ist genauso deprimierend wie das Lächeln der ewig Frohsinnigen, aus deren Käfig es kein Entkommen gibt. Ich spreche davon, dass man im Wissen um diesen Rest, mit dem man sich abzufinden hat, entscheiden kann, wie man mit Verstimmungen umgeht. Mit ein wenig Nachsicht kann man nämlich auch lernen, den Hefe-Effekt zu bremsen. Es könnte sein, dass man sich nach solch einer Phase von Verstimmung plötzlich in ein vibrierendes Muskelbündel verwandelt. Beides ist wichtig. Das Innehalten und das Aufspringen. Vielleicht ist es diese eigenwillige Art, sich von Zeitdieben zu entfernen und eigene Bewegungsfreiheit zu verschaffen, die ein erster Schritt ins Freie sein könnte.

## Ferne, Finca, Feigenbaum

»Was mache ich bloß diesen Sommer? Vielleicht könnte ich mit den Kindern nach Spanien reisen? Das könnte eigentlich ganz nett werden, wenn ich nicht so eigensinnig und kindisch wäre. Wer mag schon mit seiner alten, grauhaarigen Mutter und ihren individuellen Marotten, Vorlieben und Abneigungen eine Ferienwohnung teilen?« Diese Sätze, nebenbei aufgeschnappt, gaben mir zu denken.

Wer kennt nicht diesen Wunsch, möglichst viele Kilometer zwischen sich und den Alltag zu legen, um in der Ferne Distanz zum Alltag zu gewinnen? Um andere Freiheitsgrade zu erleben? Um fremde Luft zu atmen? Um zu entgiften? Um eine andere zu sein? Um Glück zu finden? Wenn da nicht diese Schatten wären, oder die Ahnung, dass die Erinnerung an das Ferienglück vergangener Familienzeiten einiges vergoldet.

Manchmal kommt man plötzlich an diesen Punkt, als ginge man durch eine Tür in einen neuen Raum, oder es beginnt schleichend und fast unmerklich, während man tagträumt. Man erwacht jäh: »Wo bin ich bloß gelandet?« Es ist dieses Gefühl: »Ich habe mich gewandelt. Ich bin nicht mehr die Mutter, die ich einst war. Es ist anstrengend geworden, mit mir auszukommen. Vielleicht passt mein Eigensein doch nicht so perfekt zu dem meiner Kinder, wie sie sich das vielleicht erhoffen.«

Es gibt die Zeit, in der Mütter keine Mütter mehr sein wollen, sondern einfach Frau, Freundin, Partnerin. Sie wollen diese Zeit, die noch bleibt, mit sich selbst ausfüllen. Nichts mehr tun müssen, sondern nur noch wollen. Das stellt die Liebe zu den Kindern keineswegs in Frage. Selbst wenn es in der Bibel heißt: »Lasset die Kindlein zu mir kommen«, ist man doch froh, wenn sie rechtzeitig wieder gehen. Das bedeutet: Den eigenen Spielraum nicht mutwillig einschränken oder einschränken lassen. Ballast, Sorgen, Gedanken, Sachen abwerfen, sich weiterbewegen im Wissen, dass es die abschließende Ablösung erst am Ende gibt.

Die Frau entschied, nicht mit den Kindern mitzufahren und überlegte: »Allein verreisen? Ein Abenteuer mit mir selbst wagen? Einen Ort suchen, der mich verzaubern könnte? Ein asexuelles Abenteuer, weil ich nicht von mir selbst abgelenkt werden will?« Letztlich wollte sie endlich mal die sein, nach der sich die anderen richten. Wie wäre es mit London? Paris? Oder einer Finca auf Mallorca? Das mit der Finca würde ihr gefallen, fand sie. Dort könnte sie unbehelligt in Jeans und T-Shirts herumlaufen, in denen sie sich mittlerweile komfortabler fühlt. Sogar bequeme Schuhe kann man dort tragen. Aber da sie sich nicht mehr hübsch findet oder meint, nur noch von hinten oder bei indirekter Beleuchtung gut auszusehen, wer würde ihr da helfen, den Koffer zu tragen? Was, wenn sie den Weg nicht findet? Oder sich beim Spaziergang verirrt? Wer würde überhaupt mit ihr sprechen wollen? Was, wenn sie irgendwo mitten in dieser arztlosen Finca-Einsamkeit stürzt? Diese Selbstzweifel begleiten den Weg ins Eigensein: Sich solchen Ängsten zu stellen gehört dazu.

Die Finca ist nur ein Symbol dieses schwer zu beschreibenden Schrittes ins Freie. Es geht nicht in erster Linie um einen Ortswechsel. Es geht um den Mut, sich dem Neuen zu öffnen. Das kann Angst einjagen, weil man weiß, dass es zu gewinnen, aber auch zu verlieren gilt. Deswegen bollern wir an Silvester ja auch mit sämtlichen Feuerwerken, um lauter als die Angst zu sein.

Diese merkwürdige Mischung aus Ängstlichkeit und Faszination auszuhalten, dabei hilft nur die Neugier. Vielleicht biegt man auf dem Weg zur Finca ab, gönnt sich einen Ausflug und folgt den Verlockungen des Feigenbaumes. Buddha erlangte »vollkommene Erleuchtung«, als er unter dem Feigenbaum saß. Selbst wenn man sich der romantischen Überhöhung bewusst ist, die mit dem mediterranen Feigenbaum verknüpft wird, so verkörpert er doch das Sinnbild: Gönne dir Stille! Geh in die Einkehr! Finde den Weg zu deinem Feigenbaum! Atme in seinem Rhythmus!

Lehn dich an ihn an! Man möchte fast hinzufügen: Sei kein »höflicher Feigling«: Wage fortzugehen, um zu erfahren, wo deine Schätze liegen!

Im zweiten Kapitel des Hoheliedes heißt es: »Die Zeit des Singens ist da. Das Gurren der Turteltauben hebt an. Am Feigenbaum röten sich die Früchte.« Der Feigenbaum als Symbol der Sinnlichkeit und der Üppigkeit verlockt zum Geben, zur Fülle, zur Großzügigkeit. Gib dich aus! Gib, was du hast! Verschenk dich! Ernte! Schenk deine Früchte! Großzügigkeit macht reich, heißt es. Wäre das nicht eine luxuriöse Art, seine Kräfte an Liebe, Tatkraft, Fürsorge, Lebensmut und Zeit für sich selbst auszugeben? Immerhin haben wir lange daran gearbeitet, herauszufinden, was wir nicht mehr brauchen und auf welche dummen Verschleuderungsarten wir in Zukunft verzichten. »Zwei Drittel meiner Kleidungsstücke sind Irrtümer«, meinte eine Frau. »Die letzten drei Jahre meiner Psychoanalyse waren die dümmste Art, meine Kräfte zu verschwenden.« »Was habe ich mich schon vollquatschen lassen und kostbare Lebenszeit vergeudet, statt mich zu wehren.« »Ich bin jahrelang von Arzt zu Arzt gerannt, bis ich irgendwann den traf, dessen Diagnose mir gestattete, weiterzusaufen.« »Wie viele Jahre habe ich investiert, um mir meinen Blick zu verrammeln mit Krimskrams, der mindestens drei Haushalte füllen könnte.« So klingen die Erkenntnisse von Frauen, die zwar lange brauchten um aufzuwachen, nun aber begriffen haben, dass Kräfte verschleudern etwas anders ist, als großzügig sich und anderen zu geben. Nicht, weil wir reich sind, sondern reich, weil wir großzügig sind.

Zurück zum Feigenbaum. Im Herbst wirft er seine Früchte ab. Für uns bedeutet das: Alles Tun hat die Kehrseite des Lassens, des Freigebens. Auch die Liebe, die die

Geliebten oder Kinder so frei lässt, wie wir selbst in unseren Gefühlen frei sein wollen. Freigeben heißt auch bereit sein, sein gesammeltes Wissen und seine gelebten Erfahrungen mit anderen zu teilen und vor allem: Aufmerksamkeit und Beachtung zu schenken. Erzählen, antworten, offen sein, auch für das, was nicht gelingt.

Freigeben braucht den Nährboden der Stille, des Zu-sich-Kommens. In jungen Jahren haben wir die Stille vielleicht eher als Leere, Not oder Einsamkeit empfunden. Heute hingegen spüren wir, dass sie da ist, um die Fülle herbeizurufen. Deswegen ruft der Feigenbaum: Schenke mit warmen, weichen Händen! Reise mit leichtem Gepäck! Gib ab! So fällt auch der Abschied vom Feigenbaum leichter.

Immer wieder werden sich die Früchte am Feigenbaum röten. Die Stille, Gelassenheit und Leichtigkeit, die wir dort finden, ist durchaus für vieles Weitere gut. Wir brauchen sie beim Älterwerden. Sie enthält nämlich eine Beigabe, die nicht zu verachten ist: die der Nonchalance – der lässigen Liebenswürdigkeit.

## Statt mit Flügeln auf Besen fliegen

In einer Gruppe hörte ich sinngemäß: »Wenn man uns die Flügel bricht, dann fliegen wir eben weiter – auf Besen.« So erleben manche dieses letzte Drittel: gebrochene Flügel, Phasen der Ruhe, leichte Brisen, widrige Winde, mit dem Wind fliegen und wenn möglich: Besen her. Ohne eine Vorstellung von dem Hafen, der uns irgendwann erwartet. Ob es nun freiwillig gewählt oder aufgezwungen wurde, viele stehen in diesen Jahren erschrocken oder deprimiert vor der eisigen Einsamkeit und Perspektivlosigkeit ihrer Zukunft.

Viele leben getrennt von ihren Partnern, sind verwitwet oder verlassen worden. Und viele von ihnen hatten für alles vorgesorgt, nur für eines nicht: ihren eigenen Lebensinhalt. Im Volksmund heißt es: Im Alter bekommt man, was man sich selbst eingebrockt hat. Das stimmt nur zum Teil. Man wird auch in Lebenswege geschoben oder gezwängt. Was geschehen ist, kann nicht rückgängig gemacht werden. Was sich aber ändern lässt, ist unsere Einstellung, wie wir mit uns selbst weiterleben. Gedanken wie »Schaffe ich es?«, »Wie wird es weitergehen?«, »Was kommt da auf mich zu?«, »Ist es nicht zu spät?« machen die Gegenwart zusätzlich schwer, weil sie an der Selbstachtung kratzen. Deshalb klammern sich manche an das scheinbar Bewährte, Gewohnte und schränken ihre Sehnsüchte auf das Durchkommen im Alltag ein. Wer sich hingegen als lernendes, sich selbst verbesserndes Wesen begreift, wird sich eher Fragen stellen wie »Will ich so weiterleben?«, »Wann und wo fühle ich mich mir selbst nahe?«, »Wie würde mein Leben aussehen, wenn ich mir selbst treu wäre, wenn ich endlich aufatme, wenn ich nicht mehr so vernünftig wäre und mich dem Nicht-Nützlichen widmen würde?«

Eine geschiedene Frau, die ihr Leben hauptsächlich damit zugebracht hatte, ihrem Mann den Rücken frei zu halten, findet mit über sechzig den Mut, endlich ihrer heimlichen Leidenschaft für das Schreiben zu frönen. Wirtschaftlich ging es ihr nicht schlecht, aber als sie die Überweisung für ihr erstes Buch erhielt, ging ihr Traum in Erfüllung. Sie reagierte euphorisch: »Selbstvertrauen und Freiheit gepackt in eine einzige Überweisung. Das ist mein Ticket für das Leben. Jetzt wachsen mir Flügel aus den Schultern.«

Der eigenen Sehnsucht zu folgen, erfordert zunächst die radikale Offenheit für das, was im eigenen Leben zu kurz kommt oder nicht gelingt. Wie konnte es kommen, dass ich derart erschöpft bin? Was habe ich mit mir getrieben? Wie würde ich lieber leben? Was ist die Hauptsache in meinem Leben? Was geht mich unmittelbar an? Eine Frau, die eine auffallend intensive Gegenwart ausstrahlt, meinte: »Wenn es anderen gelingt, von Neuem im Leben verwurzelt zu sein, warum sollte ich es nicht auch schaffen?« Auch wenn die Antworten schwer fallen, so erhält man zumindest die Ahnung einer neuen Bewegung, die mehr Leben verspricht. Wer am Ende ist, kann wenigstens neu anfangen. Und wer von sich weiß, dass er auch in ungewissen Zeiten fest auf beiden Beinen steht und immer wieder auf der Erde landet, wird dem Eigenen zunächst vielleicht tastend, aber doch zuversichtlich entgegensehen. Eine Frau, die ihren Mann bei einem Motorradunfall verloren hatte, beschrieb es so: »Heute will ich nur noch eines: mir selbst die Treue halten. Es sind ganz schlichte, alltägliche Rituale, die ich brauche. Das Einölen meines Körpers, das nachmittägliche Teetrinken, der tägliche Spaziergang, das Gebet am Abend. Diese einfachen Gesten halten meine Kompassnadel in der Mitte. Und wenn dann ein Anruf von meiner Freundin kommt, die mir das Gefühl gibt, dass ich sie mit dem, was ich durchgemacht habe, auch trösten kann, dann spüre ich, wie dieses große, unfassbare Leben mich trägt.«

C. G. Jung schreibt, dass die einzige Erfahrung, die dem Menschen eine unzerstörbare Grundlage geben kann, darin besteht, allein zu sein und zu entdecken, was ihn trägt, wenn er sich selbst nicht mehr tragen kann. Hofft man nicht deshalb, weil es immer eine Sehnsucht in uns gibt, auch wenn sie manchmal unter Schutt und Asche verborgen ist? In solchen Zeiten brauchen wir andere, Frauen und Männer, die eine Länge Vorsprung haben und uns anstecken mit ihrem Vertrauen in das Kommende. Oft geschehen solche Begegnungen unbeabsichtigt, nur mit einer winzigen Geste – einem Streicheln über den Rücken, einer herzerwärmenden E-mail, einem Satz, der einen Unterschied macht, einem Buch. Oft wissen die anderen nicht einmal, dass sie uns, ohne es überhaupt zu wollen, ein Versprechen auf lebenswerte Momente geben. Solange sich unsere Sehnsucht nicht abstumpft und nach innen stülpt ist sie unsere Brücke, die den Abgrund zwischen dem Möglichen und der harten Realität überwindet. Nicht unbedingt nach dem »Prinzip Hoffnung«, denn das wäre zu optimistisch. Wohl eher nach dem »Prinzip Trotzdem«, denn daraus entsteht eine große Kraft. Dann kann das, was Anlass zur Depression oder Resignation bietet, zur Kraftquelle werden. Es braucht Mut zum Eigensein, auf persönliche, eigenwillige Art auf Vorgefundenes zu reagieren und eigene Erfahrungsmöglichkeiten aufleben zu lassen von einer Welt, die auch sein könnte. Genau das glückte einer Studentin, die ihrer betrübten Großmutter, die gerade ihren Führerschein abgegeben hatte, einen Besen schenkte mit den Worten: »Dann fliegst du eben auf dem Besen weiter.« Immerhin konnten beide dann herzhaft lachen. Wir könnten nicht leben ohne das Vertrauen auf etwas Unzerstörbares in uns und in den anderen um uns herum.

# Ich bin, wie ich bin

## Einwilligen

Unsere Großmütter, waren sie erstmal unter der Haube, konnten so alt und faltenübersät aussehen, wie sie wollten. Hauptsache, sie erfüllten ihre Haushalts- und Familienpflichten und waren nicht gar zu kindisch oder ewig jammernd. Jugendlich und schön sein war nicht gefragt oder sogar eher verdächtig. Alles hat sich verändert. Plötzlich sollen alle in jedem Alter jugendlich aussehen, hübsch, sexy, und am besten so wie jemand, den wir aus den Medien kennen. Schön sein soll durchs Leben helfen. Schön sein – unsere Chance, um vor dem Spiegel Gnade zu finden und von der Welt belohnt zu werden; zwar nicht immer, aber jedenfalls in Situationen, bei denen es mehr auf den äußeren Schein ankommt. Gnadenlos sind die Musterungssituationen auf der Straße, im Café, im Schwimmbad und bei öffentlichen Anlässen geworden. Wer allzu dick, allzu dünn oder unförmig ist, hat es schwer, weil wir alle dieser mehr oder weniger sanften Nötigung ausgesetzt sind: »Wehe, du bist nicht attraktiv!«

Auch wenn die Werbung verspricht: »Jede/jeder kann schön sein«, so ist dieses Versprechen irreführend, denn Schönheit ist in der Tat nur wenigen vorbehalten. Was aber knapp ist, das zeichnet aus. Und das wollen schließlich alle.

Das stimmt mittlerweile nur noch teilweise, denn viele Frauen sind sich inzwischen einig, dass diese Nötigung »schön, schlank, schick« doch reichlich zwanghaft ist. Es reicht ja nicht aus, dass man nur schön ist, man muss eben auch schön sein wollen. Und das ist teuer und anstrengend: Man muss den Kaloriengefahren aus dem Hinterhalt trotzen, sich schminken, Haare färben, Gymnastik treiben, Flitter kaufen. Deswegen fragen Frauen: Warum nicht zu den Falten, grauen Haaren, Tränensäcken und den Fettröllchen um die Taille stehen? Zeigen diese Spuren doch, dass wir gelebt, geliebt, geweint und gelacht haben. Warum sollten wir unsere Jahre verleugnen oder zuspachteln? Warum mitbeten in dieser neuen Religion des schönen Scheins? Tun wir es, weil es erwartet wird oder weil wir es selbst wollen? Tun wir es, weil wir wissen, dass heute Schönheit am meisten belohnt wird? Hierzu eine Frau, die mit allen Attributen der Schönheit gesegnet ist: »Mich ärgert es zutiefst, dass mich die Frauen am meisten um das beneiden, wofür ich doch am wenigsten kann. Meine Projekte, meine Leistungen und die vielen Verzichte, die ich dafür auf mich nehme, das interessiert niemanden.«

Wäre es nicht entlastend, so wie Einstein mit struppiger Mähne unterwegs zu sein? Nein, das muss man nicht. Das mag zwar heroisch und konsequent sein, aber erstens finden viele Spaß an der Maskerade des Schminkens, Schmückens und Schönens und zweitens gibt es ein Recht auf Schönung und Tönung, das sogar in der Tierwelt gang und gäbe ist. Drittens müsste man Anfeindungen wenn nicht gar Nachteile in Kauf nehmen, denn zu viel »Wie Gott uns schuf«-Genügsamkeit führt in die Vereinsamung. Warum sollte man denn zu dem Club der Frauen gehören wollen, die es nicht mehr wagen, attraktiv zu sein? Vergessen wir nicht, dass auch Kleider und Make-up Freiheits- und Verwirklichungschancen bieten.

Wo endet der Spaß und wo beginnt der Stress? Es schadet sicher nicht, wenn man sich selbst gefällt, aber es ist eben nicht alles. Eine Frau, deren Kleider wie Wohnzelte aussehen und meint: »Hauptsache viel Platz und bequem«, die demonstriert eher unattraktive Selbstgefälligkeit. Genauso wie es einer an Selbsteinschätzung fehlt, die sich in einen hautengen Body und Jeans zwängt, die aus allen Nähten zu platzen drohen. »Jedes knackige Stück Fleisch hat eben einen Fettrand!« kommentierte es eine Frau, die nicht bereit war anzuerkennen, dass ihre kneifenden Vorlieben von anderen nicht geteilt wurden.

Wie kommt es, dass der Ton dieser Abwehr so merkwürdig munter und jovial daherkommt? »Wir stehen zu unseren Schildkrötenhälsen, und die Kleider mit den großen Ausschnitten, die wir sowieso nie mochten, schmeißen wir eben weg!« »Wir scheren uns einen Teufel um diesen Diätrummel; wir finden uns prima, so wie wir sind.« »Jetzt sind wir eben vollschlank, dafür haben wir mehr erotische Nutzfläche, sollen die anderen hungern.« »Wir sehen lieber aus wie ein knuspriges Baguette statt wie eine Trockenpflaume.« »Wir zeigen unsere grauen Haare, wer sagt denn, dass die nicht schön sind?«

Können wir wirklich das Schwinden der jungen Haut und der Attraktivität so lässig und heiter wegstecken? Es ist zwar beeindruckend und irgendwie sympathisch, wenn sich jemand frei macht vom Schönheitsdiktat, seinen Körper mag und nicht ständig mit Taschenspiegel herumläuft oder an sich herumzupft. Aber wohin ist die tief in uns eingewurzelte Sehnsucht nach Schönheit geraten? Wird da nicht etwas verdrängt, wenn man ihren Verlust so heiter und leichtfertig glorifiziert? Wie ist das, wenn wir jemandem begegnen, der plötzlich sichtlich gealtert aussieht? Der Anblick löst starke Emotionen in uns aus. Vielleicht sagt man, dass solch ein von der Zeit gezeichnetes Gesicht eigentlich viel ausdrucksvoller sei als ein glattes, junges Gesicht. Was ja auch stimmt, doch viele Stimmen klingen anders: »Hast du gesehen, wie *die* aussieht?« »Mein Gott, ist *die* alt geworden!« »Der merkt man das Alter aber jetzt wirklich an!« »Die war doch früher so schön!« Auffallend ist, dass in all diesen Reaktionen Erschrecken, Angst und Unbehagen mitklingen. Da helfen keine »Kopf-hoch-Appelle«. Auch wenn wir uns freimachen wollen vom Äußerlichen, so müssen wir doch zugeben, dass eine schöne Erscheinung uns vielleicht sogar mehr bedeutet als uns lieb ist. Zumal wir heute ständig erleben, dass wir gerade für das, wofür wir am wenigsten können, am meisten belohnt werden. Da hilft auch kein Taschenspielertrick, der das Alt- und Dickerwerden zu einer Version von Attraktivität umdeutet oder als Chance sieht, um auf moralische, unsichtbare innere Werte zu bauen. Unser Bedürfnis nach körperlicher Schönheit und Attraktivität sitzt tief, es lässt sich nicht einfach abstellen, weil wir sinnliche Augentiere sind.

Was ich vermisse sind die Gefühle, die mit Verlusten einhergehen: trauern, bedauern, neue Wege suchen, sich mit diesen ungewollten Veränderungen abfinden. Schließlich ist die Vergänglichkeit unseres Körpers nicht gewünscht, sondern etwas, das uns widerfährt. Wir wollen es nicht, und wir können es auch nur sehr begrenzt steuern. Es gibt keinen Trost außer dem Wissen: Es gehört ganz einfach dazu. Es bleibt nur, sich damit ohne Beschönigung oder Bagatellisierung auseinanderzusetzen. Und das nenne ich Eigensein: dass wir, auch wenn es schmerzt, einen Weg suchen, um einzuwilligen in das Unabänderliche. Bei Bernard von Clairvaux las ich ein schönes Wort: »Einwilligen heißt gerettet sein.« Aus dem Mut zum Einwilligen könnte etwas Neues entstehen, das sich dann im Rückblick als etwas entpuppt, das uns ein Stück näher zu uns selbst führt. Eine Frau formulierte es treffend: »Es ist eigenartig: Immer dann, wenn ich diese Gefühle zulasse, die damit verbunden sind, dass dieses rätselhafte Leben mich verlassen wird, dann liebe ich es intensiver denn je.«

Wie können wir uns selbst wahrnehmen, wenn wir nach einem Weg des Sich Abfindens suchen? Meine Erfahrung sagt: Es sich vom Leibe schreiben, um das, was wir erdulden müssen, unter unsere eigene Regie zu bringen. Sich ins bewegte Leben zu schreiben statt zu verdrängen. Sich schreibend abfinden heißt: einen Weg finden.

## Sich vorwagen

Blicke können Nähe stiften, Bänder knüpfen, einschüchtern oder provozieren. Sie stellen unmittelbare Verbindungen zum anderen her. Schon Babys suchen Blickkontakt. Je älter wir werden, desto bewusster erleben wir, wie der respektvolle Umgang mit Nächsten, Freunden oder Kollegen von der Besonderheit des Blicks abhängt. Wir schauen uns an, und ohne dass wir uns berühren entsteht Nähe, Begegnung oder Beziehung. Mit den Jahren gibt es diesen feinen Schleier, der sich über den Blick legt, vielleicht erst um Schmerz, Enttäuschung oder Einsamkeit zu mildern und später, wenn der Schleier zum Vorhang wird, um Emotionen abzupuffern oder Distanz zu schaffen, so dass man nur noch ahnen kann, was einen berührt, aufwühlt oder umtreibt. Wenn der Blick Zugang zum anderen schafft, bedeutet sein Rückzug, dass wir immer weniger voneinander wissen. Man schaut sich weniger in die Augen und schneidet den Kontakt ab. Liegt der Grund dafür im Verlust an Neugier und Energie? Oder weil man sich am liebsten zu Hause verkriecht und Ruhe will, nichts als Ruhe?

Die neue Kommunikationstechnologie hat ihren Teil dazu beigetragen, den Blick abzuschneiden. Ob wir per Handy telefonieren oder E-Mails schreiben, keines dieser Medien kann es mit der seelischen Intensität eines Blickes aufnehmen. Dennoch verstecken sich immer mehr hinter ihren Apparaten, statt sich zu zeigen.

In einem Restaurant begegnete ich spätabends einer Dame, die eine dunkle Sonnenbrille trug. Bisher dachte ich, dass Sonnenbrillen etwas mit Sonne zu tun hätten. Von Bankräubern weiß ich, dass sie ihr Gesicht aus nachvollziehbaren Gründen verhüllen. Aber wieso sich in einem Restaurant verstecken? Mir erschien diese Dame abstrakt, wie nach einem Abzug menschlicher Substanz. Ihre Sonnenbrille wirkte wie ein modernes Visier. Selbst, als sie irgendwann die Sonnenbrille abnahm, wirkte ihr Gesicht noch eine Weile verschwommen, wie bei Leuten, die aus dem Kino kommen. Ihr Minenspiel wirkte leicht benommen, als hätte sich hinter ihrer Brille auch ihr Wesen leicht verglast. Eigentlich nehmen Menschen gern ihre Sonnenbrillen ab, wenn sie jemanden treffen, dem sie sich mitteilen wollen, es sei denn sie möchten sich verstecken oder wie visuelle Einsiedler auftreten.

Entspricht dieses Sich-Verstecken unserem inneren Bild von der alternden, der älteren Frau? Ich hoffe nicht. Selbst im Kinderlied heißt es: »Frauen sind genauso frech wie Jungen, genauso klug, mutig, stark, verwegen …«. Warum also sich verstecken? Der Rückzug auf sich selbst mag eine Voraussetzung zur Belebung des Eigenen sein, oder eine Reaktion auf die Strapazen und den Termindruck der vergangenen Jahre, aber die Gefahr ist, dass man in die alte, langweilige, weibliche Passivität zurückfällt. Diese liefe aber leer, käme da nicht der aktive Kontrapunkt hinzu: Frauen wollen sich zeigen, sich wagen, aktiv sein; nicht nur reagieren, sondern agieren.

Sich zeigen ist eine Angelegenheit, die sich behaupten muss. Darüber reden wäre ein erster Schritt. Das schafft Resonanz, weil es noch andere gibt, die ähnlich empfinden. Deswegen sind Freunde so wichtig, weil sie einander wohlwollend zugetan sind und weil sie einander lassen, so wie sie nun mal sind. Ihnen verdanken wir die Ermutigung, aus der Eigenbrötelei auszubrechen, weil sie uns zeigen, dass der Geschmack am guten Leben wichtiger ist als ein paar Runzeln oder eine Wampe.

Die Kehrseite davon ist die Erfahrung, dass wir keinen Anklang und kein Wohlwollen finden für das, was für uns Sinn macht, sobald wir es zu teilen versuchen. Oft ist es die Müdigkeit oder Einsamkeit, die einen zurückhält, sich in den Dialog zu begeben. Es ist ja auch wirklich die Frage: Soll man sich der Gefahr aussetzen, missverstanden, bespöttelt oder verzerrt zu werden? Oft sind es gerade die Nächsten, die Familienmitglieder und Freunde, die bisher unseren Weg begleitet haben, die sich mit uns nicht mehr zurechtfinden. Erwarten wir keine Hilfe von ihnen. Sie glaubten, uns zu kennen, und nun spüren wir, dass sie nichts für uns tun können. Denn was wir suchen, ist in uns selbst, im tiefsten Winkel unserer Seele zu finden. Wir sind anderswo, deshalb entgleiten wir ihnen. Wir sind bei uns selbst gelandet. Doch indem wir unser Eigensein retten und uns mit allem Drum und Dran akzeptieren, können sich eine heitere Gelassenheit, eine neu angefachte Lebenskraft und ein Bedürfnis nach Austausch bemerkbar machen, die früher vielleicht nicht so vorhanden waren.

<u>Diese Art des Eigenseins stärkt das Selbstgefühl.</u> Sie hilft, aus den Mauern der eigenen Bescheidenheit auszubrechen und stärkt den Mut zur eigenen Lebensäußerung; um mit Nietzsche zu sprechen: »mich selber zu mir selber zu verführen«. Dabei denke ich an eine Frau, die sich immer wieder Zeit nimmt für ausgedehnte, einsame Wanderungen. Als ein junger Mann sie unterwegs anspricht, ob sie keine Angst habe, so allein zu wandern, meint sie: »Ich glaube, ich bin alt genug, um zu wissen, was ich brauche und welchen Herausforderungen ich mich aussetze!« Oder an die betagte Mutter, die von ihrer Tochter gefragt wird, ob sie ihre Tabletten gegen Bluthochdruck schon genommen habe, und mit einem listigen Lächeln antwortet: »Habe ich doch tatsächlich vergessen.« Die Tochter verabreicht sie ihr und die Mutter grinst: »Jetzt gehts mir viel besser. Sie wirken schon.«

Ist doch erfrischend, wenn ältere Frauen kein Blatt vor den Mund nehmen und ihre Stimmen erheben. Aber wie ist es mit dem sozialen Druck? Wer nicht mitmacht, steht allein da? Daraufhin reagiert die Mutter: »Das genieße ich mehr, als den anderen lieb ist.« Mir gefällt diese schlagfertige Frau, weil sie diesen Schelm in uns kitzelt, der sagt: »Ich will mir selbst zu gegebener Zeit meine eigene Meinung bilden.«

Selbst wenn unser Körper schwach, müde und klapprig wird und die Haut Falten wirft, gibt es doch diese durchtriebene Lust, sich selbst ein Urteil zu bilden, sich zu zeigen und auf jegliche Zumutung mit Understatement zu antworten: »Ich würde lieber nicht.« Das hat nichts mit Rechthaben zu tun, sondern damit, wie elegant wir unser Recht auf Selbstschutz und Durchsetzung in Anspruch nehmen. Es reicht aus, Sorge dafür zu tragen, dass man das neugierige, empörte, unverwüstliche Mädchen in sich heraufbeschwört und anfängt zu reden. Wem man wann zeigen sollte, dass es Schmerzensgrenzen gibt, ist nicht ganz einfach, da manche es nicht kapieren. Da ist jede Bemühung, Signale zu schicken, pure Zeitverschwendung. Hier lohnt es sich, schonend mit den eigenen Ressourcen umzugehen: statt nachtragen lieber nachdenken, nachgeben und sich seinen Teil denken. Als Mädchen praktizierten wir das »durch die Finger sehen« als Übung, durch die anderen hindurchzusehen, wegzuhören und wegzufühlen. Solch eine Vollmacht zur Distanzierung ist nützlich und Teil der Lebenskunst, wenn wir in die Jahre kommen.

Selbst wenn unsere Spiegel gnadenlos sind und manche sagen, Altwerden sei ein Massaker (Buñuel) oder eine unheilbare Krankheit (Améry), so heißt das noch lange nicht, dass wir uns dieses Motto »Erlaubt ist, was gut tut« nicht gestatten sollten. Das zeigt nur, dass wir den Sinn für Realität nicht verloren haben. Lieber eine oder mehrere Allergien gegen Zumutungen entwickeln, statt sich hinter dunklen Brillen zu verstecken. Oder eben sich vorstellen, dass man auch ganz anders reagieren könnte: zum Beispiel mit »Vergiss es.« Nicht aus Feigheit, sondern als Mittel gegen Verbissenheit. Vergessliche Menschen leben gesünder und glücklicher, weil sie ein besseres Gedächtnis für die schönen Dinge entwickeln.

## Den eigenen Raum einnehmen

Ich liebe Cafés. Sie bewegen etwas in mir. Sie sind ein wenig mit dem Abenteuer einer heimlichen Affäre vergleichbar. Man ist nicht zu Hause und auch nicht an der frischen Luft. Man ist in einem Transitraum, der offen ist. Eine kaffeegeschwängerte Nische, in die man kommen, stundenlang bleiben und jederzeit gehen kann, falls der Kellner einen nicht gerade vergisst. Aber auch das ist lösbar; ich stelle mir dann vor, ich hätte ein Lasso dabei und würde ihn einfangen. Eine Wunderkerze könnte ich mir zur Not auch vorstellen.

Das Befreiende am Café ist: Es ist ein selbst gewählter Ort, in dem wir ungestört allein und doch gleichzeitig in Gesellschaft sein dürfen. Hier erleben wir in Ansätzen, was es heißt, produktiv zu sein, ohne diesen Ballast preußischer Tugenden und ohne Schweißvergießen: nachdenken, träumen, spinnen, fantasieren, ausprobieren. Allein für diese köstlichen, freien Momente lohnt es sich, den Preis aufgegebener Leistungsideale zu zahlen. Mag in früheren Jahren gegolten haben: »Im Schweiße deines Angesichts sollst du dein Brot essen«, jetzt können wir uns am helllichten Tag Kaffee mit Brioches leisten. Wenn schon schwitzen, dann lieber vor Wonne und Denklust. Im Café hört dieses ewige Müssen auf, und das Können kommt endlich zum Zug.

Können lebt von der Beweglichkeit des Körpers. Wir können gar nicht früh genug damit beginnen, ihn gründlich kennenzulernen und zu trainieren, auch im Hinblick auf die Zeit, in der er lieber den Geist aufgeben würde. So lange man noch atmet, lässt sich jeder Muskel trainieren. Beweglichkeit braucht keine Foltergeräte, sie lässt sich auch durch Lust an der Geschwindigkeit, Geschmeidigkeit und Bewegungsfreude erreichen. Am besten in der freien Natur, weil sie als Heilerin, Künstlerin, Trösterin und Geberin mit uns kooperiert. Bis heute bin ich einfach neugierig, wie weit ich mich dehnen und strecken kann, wie schnell meine Füße flitzen können und wie weit sie mich barfuß tragen.

Die Lust, selbst zu entscheiden, sich selbst zu bewegen, die eigene Verantwortung anzunehmen – sprich den eigenen Raum einzunehmen – wird einem mitunter schwer gemacht. Aber soll man sich deswegen dumm stellen oder den IQ runtertrinken, damit man etwas pflegeleichter und netter wird? Es sind die aufsässigen Frauen, die zuletzt lachen werden. Niemand kann uns mehr zwingen, immer nur an andere zu denken, sich selbst nicht wichtig zu nehmen, sich antreiben oder verbiegen zu lassen, gehorsam und benutzerfreundlich zu sein. Wir wollen nicht mehr müssen. Wir brauchen auch keine Entschuldigungen, weil wir zu dem stehen, was wir tun. Und wenn wir unsere Stärke einsetzen und den Mund aufmachen, sagen wir: »Ich war es!« Uns ist Freiheit wichtiger als Behaglichkeit. Wissen wichtiger als Gemütlichkeit. Freiwillig die Hand anlegen wichtiger als Gefügigkeit. Wehrhaftigkeit wichtiger als Gehorsamkeit. Aufbegehren wichtiger als Wegschauen.

Stillhalten, wenn eine Bekannte ausgegrenzt wird; zuschauen, wenn andere zur Zielscheibe giftiger Pfeile werden; scheinheilig lächeln, wenn andere seelisch und moralisch in ihrer Würde verletzt werden: Das sind nur einige Spielarten intriganten Verhaltens und letztlich eine Form weiblicher Gewalt, die viele Mitläuferinnen und Zuschauerinnen kennt. Mag es damit zusammenhängen, dass immer noch Ausläufer des gedeckelten, kleingehaltenen Mädchens ihre Wirkung zeigen, oder weil wir unbedingt die Guten sein wollen und das Schlechte bagatellisieren, ignorieren oder verharmlosen. Wie dem auch sei, auch wenn Gott schweigt, so sollten wenigstens wir den Mund aufmachen und laut und deutlich sagen: »Nein«. Sich nicht abfinden, nicht abwarten, nicht unterlassen, nicht darum herumreden, sondern hinschauen, sich einmischen, sich wehren. Und mitunter eben auch nicht vernünftig, sondern keck oder mutig sein, um nicht jeden Quatsch durchgehen zu lassen. Mit anderen Worten: Es geht darum, jenen Geist am Leben zu erhalten, der uns wagen lässt, von der Mutlosigkeit zum Stolz überzugehen.

Man muss ja nicht gleich zum bösen Mädchen mutieren, sondern andern einfach die freche Wahrheit, zuweilen auch nur wahren Blödsinn direkt ins Gesicht sagen und Widerstand leisten, wo Unrecht und Hinterhältiges geschieht. »Sagen, was ist, wird die Welt verändern«, sagte Hannah Arendt. Im Großen wie im Kleinen. Wie schnell sieht da mal eine Frau »abgehalftert«, »schrumplig«, »klapprig«, »vertrocknet«, »zum Abgewöhnen«, »wie eine Matrone«, »omi-artig« oder »wie eine bulgarische Kugelstoßerin« aus. Eigentlich fehlt da nur noch blond, blöd und blauäugig. Aus welcher Ecke stammen solche Attribute? Angststarre, Kleinmut und Neid eben. Sie machen fies und gemein. Da diese Gefühle tief verankert sind, kann man ihnen mit klärenden Gesprächen nur schwer beikommen. Angst und Neid verleiten dazu, andere herunterzuinterpretieren und herabzusetzen, statt selbst in das hineinzuwachsen, was an Leben in einem selbst möglich wäre. Eindrücklich war eine Supervisionssitzung, in der eine Kollegin stolz darüber berichtete, wie sie ihren Vortrag gehalten hatte, woraufhin eine andere meinte: »Gott sei Dank habe ich so was nicht nötig!« Neidisch eben. Was uns an anderen stört, ärgert oder zum Lästern veranlasst ist meist das, was uns selbst ängstigt oder was uns fehlt. Wir regen uns über Frauen auf, die uns spiegeln, was wir an uns selbst nicht ausstehen können. Dass faltenübersäte Frauen so schmallippig abgekanzelt werden liegt doch auch daran, dass sie uns daran erinnern, dass wir manchmal selbst morgens am liebsten den Spiegel abdecken würden, weil wir aussehen wie auf Entzug. Dass wir anderen den Mut absprechen, attraktiv zu erscheinen, hat doch auch damit zu tun, dass unsere eigene erotische Ausstrahlung auch schon bessere Tage gesehen hat.

Wer gibt schon gern zu, dass sie oder er neidisch ist? Zumal dieses Gefühl keinen guten Ruf genießt, weil es unsere Vertrauenswürdigkeit untergräbt. Neid deutet auf einen Mangel hin, der uns verbittern und verbiestern kann, weil er eng und hart macht, wenn wir ihm zu viel Raum geben. Auch wenn wir nicht viel Nachsicht für dieses gallige Gefühl erwarten können, so empfiehlt es sich dennoch, sich damit auseinanderzusetzen. Die Autorin Luisa Francia beschreibt es so: »Erst als ich mich mit meinen eigenen Neidgefühlen bewusst beschäftigte, merkte ich, wie viele Gespräche verkappte Neid-Entladungen sind … Neid ist die geheime Dynamik zwischen Schwestern.«

Neid macht schwer wie Blei. Er raubt uns die Flügel. Er drückt uns nieder. Neid kann aber auch kreativ sein, weil er uns die Richtung unserer mehr oder weniger bewussten Wünsche anzeigt. Er sagt vielleicht mehr über unsere eigenen Bedürfnisse und Ängste aus, als uns lieb ist und weist versteckt oder deutlich auf das hin, was wir brauchen. Und wenn wir wirklich eigen sein wollen, so könnte er wie ein fliegender Teppich werden, der uns dorthin führt, wo wir uns eigentlich hinwünschen. Aber dazu müssten wir den Neid erst einmal vor uns selbst eingestehen. Denn das hieße, sich nicht abzufinden mit dem, was ist, sondern sich im eigenen Raum einzurichten. Statt dem Neid recht zu geben sollten wir fragen: »Wofür schätze ich mich glücklich?« Die Betonung liegt auf »sich schätzen«.

## Sich hinwegsetzen

Viele Abenteuer werden wir nicht mehr erleben. Von vielen Reisen werden wir nur noch träumen. Viele Ausfahrten haben wir versäumt. Älterwerden ist manchmal leichter, manchmal komplizierter, als man denkt und immer irgendwie anders, als man es sich ausgemalt hat. Der beste Trost in dieser abschiedlichen Zeit könnte diese Mädchenschar in uns sein, die uns schützt vor dem Abdriften in Selbstmitleid, in Lächerlichkeit oder in die offensive Form der Selbstzufriedenheit. Inflexibilität oder allzu tiefer Ernst, die sich gern im Älterwerden einstellen, müssen nicht unbedingt ein Entwicklungsfortschritt sein, eher brauchen sie das Lachen, den Schalk, die List der Mädchentruppe in uns. Wer etwas von der Kunst der Subversion versteht, wird ohnehin feststellen, dass das sorgenvoll Vernünftige leichter wird, dass es Auswege, Listen, kleine Fluchten, Verstecke gibt, die einem helfen, sich ohne blaue Flecken über Konventionen hinwegzusetzen. Die Spannbreite reicht von lässig über unerschüttert bis unverschämt, von gewitzt, ironisch, nonchalant bis aufsässig. Zumindest ist die Subversion eine alltagspraktische Variante, sich nicht durch kluge Ratschläge zum Älterwerden einschüchtern zu lassen. Die so betulich daherkommenden Tipps: »Gönn dir doch mal eine Beauty-Farm!« »Du solltest früher ins Bett gehen!« »Du solltest dir diese Faltencreme besorgen!« »Melde dich doch im Fitnesszentrum an!«

kann man ruhig abends bei einem guten Tropfen in der Pfeife rauchen. Von der ironischen »Seniorin« oder »Oma« bis hin zur verächtlichen »Alten« ganz zu schweigen.

Subversiv sein heißt gewappnet sein. Die eigene Wirklichkeit behaupten. »Da wäre mir jede List recht«, meint eine Moderatorin, »Bevor ich mich zum Stolpern bringen lasse, da ist mir jedes ›Halt‹ ein Sieg.« Und eine Hausfrau sagt: »Bevor ich mich bei irgendwelchen Drehscheibenanlässen abquäle, gehe ich einfach nicht hin. Lange genug habe ich dieses Trallala mitgemacht. Jetzt ziehe ich es vor, manche Rituale einfach nicht mehr zu erfüllen. Auch zu Hause bleibe ich einfach auf der Couch und ziehe mir die Decke über den Kopf. Oder ich stelle mich dumm, wenn die anderen etwas von mir wollen, was mir zuwider ist, oder ich mampfe Nüsse vor dem Fernseher.« Oder eine andere: »Ich lass mir doch nicht vorschreiben, was ich anzuziehen habe. Ich trage die Klamotten, in denen ich zeigen kann, wie ich mich gerade fühle, auch wenn ich figürlich etwas nachgelassen habe. Sollen die andern in den Farben der Unsicheren herumrennen und ihren Stau um die Taille verstecken. Jedenfalls kommt ›beige‹ bei mir nicht in die Tüte.«

Es ist ihre Art, zu sprechen, sich zu kleiden, sich zu wehren und auszuscheren, die verrät, wie Frauen sich schützen vor Anlässen, bei denen sie sich hindurchlächeln oder hindurchquälen müssen und vor Erfahrungen, in denen sie sich fremd erscheinen würden. Sie zeigen Selbstvertrauen und Stärke im Umgang mit dem Erwarteten und gestehen sich ihren über die Jahre gewachsenen Widerwillen zu. Es wirkt leichtfüßig, wie sie sich ein bisschen widerspenstig, aber auch natürlich, fast selbstverständlich abgrenzen. Sie sind verbunden mit ihrem Wissen und haben den Mut, ihrer eigenen Intuition zu folgen.

»Subversion ist rettend«, meint eine Ärztin. »Ich bin keine Rebellin, aber ich habe schon früh etwas von der Kunst der Subversion verstanden. Für mich war es der Rückzug in die Bücher. Ich habe jede freie Minute gelesen, so konnte ich mich diesen lästigen elterlichen Disziplinierungen entziehen. Vor allem das Musikhören war meine Oase. Egal, wie laut das Gestreite war, immer fand ich dort Trost und Aufgehobensein – eigentlich bis zum heutigen Tag. Musik ist mein Lebensmittel und meine Geborgenheit, wenn ich mich allein oder unverstanden fühle.«

Sie belehrt nicht, sie lebt ihr Eigenes. Und das tut sie, um einen Ort zu haben, wo sie sie selbst sein kann. Sie hat ihr Selbstvertrauen gefunden in der Distanz zu falschem Zwang und Erwartungen von außen. Und sie hat etwas dagegen gesetzt: ihre eigene Welt, in der sie das Beste für sich selbst wiedergefunden hat.

# Eigensinnige Typen

## Weiber-Tollheit

Neulich fragte mich eine Freundin: »Wie kommt es nur, dass wir in dieser kurzen Lebenszeit immer wieder an Eigensinnige geraten, die einem derart auf den Keks gehen, obwohl wir doch relativ tolerant, sensibel und charmant sind?« Wer kennt sie nicht, die abgehärteten Hektiker, die nicht ruhen, bevor sie alle auf die Palme gebracht haben. Oder die alte Tante Olga, die nur noch in der Mitte wächst und meist schlecht gelaunt ist. Oder die Nachbarin, die seit ihrer Pensionierung jeden Abend Psychopharmaka einwirft und in der Aluschale mit ihrem kalorienarmen »Take-away-Food« stochert. Oder die Bekannte, der der Humor weitgehend abgeht und die immer zu früh kommt, weil sie sich selbst wichtiger nimmt als die eingegangene Verabredung. Oder die Verwandte, die so maulfaul und verstockt ist, dass ihr selbst die Frage nach der Uhrzeit zu viel ist. Sie sind zwar alle irgendwie eigensinnig, aber beliebt sind sie deswegen trotzdem nicht. Sie sehen Probleme, wo andere sich wohlfühlen. Sie reagieren zwanghaft oder verbohrt, was selbst die Friedliebenden und Toleranten auf die Palme bringt.

Heißt es nicht, im Alter würde man weiser und toleranter? Oder gilt das nur für diejenigen, die das Glück hatten, unter einem guten Stern geboren zu sein? Aber was nützt ihnen dieser Glücksstern, wenn die anderen streitsüchtig, verbohrt und umstandskrämerisch sind? Vielleicht waren sie ja schon immer so und bekommen nur jetzt im Alter schärfere Konturen. Oder ihre guten Eigenschaften haben sich mit den Jahren zurückgebildet. Ich wage zu behaupten, dass Alter sicherlich manche tolerant und weise macht, viele aber werden eher starrsinnig, rechthaberisch, besserwisserisch, streitbar, sparsam, kleinlich. Wir können einander nicht einfach meiden, zumal wir wissen, dass nicht nur andere eigensinnig sind – wir selbst können es auch sein. Wir müssen einander auch nicht lieben, aber vielleicht gelingt es, gelassener, spielerischer miteinander umzugehen, zu streiten, zu lachen, zu feiern und zu hüpfen. Gesunder Menschenverstand im Umgang miteinander heißt nämlich, dass wir trotz der uns trennenden Fremdheit respektieren, dass uns etwas verbindet – nämlich, dass der oder die andere uns ähnlich ist. Dass wir im anderen den erkennen, der wir auch selbst sind oder sein können, und nicht glauben, sie seien eine andere Art von Spezies. Das schließt nicht aus, dass es Grenzen gibt, an denen uns die Alltagsweisheit im Stich lässt. Einander ein bisschen besser zu verstehen und zu respektieren bewahrt davor, vorschnell abwehrend, verurteilend, entwertend und pathologisierend zu reagieren oder in impulsiver, naiver und emotionaler Weise darauf hereinzufallen.

Deswegen werde ich einige typische Beispiele wiedergeben, die mir im Alltag und in meiner Praxis begegnet sind. Nicht nur weil sie prägnant, amüsant und faszinierend sind und irgendwie aus der Reihe tanzen, sondern auch weil sie zum Selbst-Denken einladen wollen. Denn trotz aller Erfahrung, die wir im Laufe unseres Lebens mit anderen gesammelt haben, gilt es, sich den Blick freizuhalten für Ungereimtheiten, Überraschendes, für das Untypische im Typischen (Schneider 2005). Und vor allem eines: den Sinn für Humor zu bewahren, wo wir in die Mühlen schwieriger Szenarien geraten. Denn leider schwindet dort ganz offenkundig die Fähigkeit zur Gelassenheit und Souveränität – auch gegenüber uns selbst. Selbst wenn man mitunter eher versucht ist, die Strophe »Alle Menschen san mir z'wider« anzustimmen, so wissen wir doch, dass hinter jeder Marotte auch Komisches, Erheiterndes, Verrücktes lauert. Immerhin haben die Marotten der anderen befreiende Wirkung: Sie relativieren nämlich die eigenen Schrullen. Bevor man sich überhaupt anstecken lässt, sollte man also einmal überlegen, ob die leidige Situation nicht eher etwas zum Lachen ist. Es muss kein dröhnendes Lachen, auch kein haltloses Glucksen sein. Tagein, tagaus Fortissimo hält sowieso keiner aus. Es genügt ein verschmitztes Lächeln, ein Augenzwinkern, ein lässiges Schulterzucken.

## »Das tut's doch!«

Ich besuchte eine adrette alte Dame im Nachbardorf, die gerade am Stricken war. Vor ihr stand ein Handarbeitskorb mit unzähligen Wollknäueln und neben ihr lagen handgestrickte Socken in den wunderschönsten Farben und Mustern. Ihr Einfallsreichtum war geradezu verblüffend. Ob sie die Socken verschenke oder verkaufe, fragte ich. Worauf sie sagte: »Ich denk nicht dran. Ich geb sie der Kirche. Was soll ich denn sonst tun außer stricken? Irgendwie muss man ja die Zeit vertreiben. Geht doch niemanden etwas an.« Ich beobachtete, wie sie ein paar Socken wieder auftrennte, um die Wolle wieder neu zu verwenden. Wie viele Socken hatte sie schon gestrickt, deren einzige Betrachterin sie selbst war? Kaum jemand außer den Kirchenleuten wusste um ihre herrlichen, farbigen kleinen Kunstwerke. Mich erinnerte ihr Verhalten an das Patience-Spielen. Sobald die Karten aufgelegt sind, hat man das Gefühl, eine Aufgabe zu lösen. Und wenn die Patience nicht leicht aufgeht, legt man ein neues Spiel auf und fängt wieder von vorn an. Irgendwann hört man auf zu spielen und realisiert aber doch, dass man einsam ist und nichts Besseres zu tun weiß.

Die Frau wollte keine Spuren hinterlassen, selbst der Blick der anderen interessierte sie nicht. Ihr Leben lang hatten sie und auch ihr Mann hart gearbeitet. Oft meinte sie, dass Amor ihr den Falschen geschickt hatte, aber sie verharrte. Es war nicht Liebe, die sie bleiben ließ, sondern die Angst vor dem Alleinsein. »Er ist doch alles, was ich habe. Was Besseres kommt sowieso nicht nach«, seufzte sie. Sie hielt sich auf Sparflamme. Und was das Geld betraf, da verstand sie keinen Spaß. Mehr als 1.95 € war für Geburtstagsgeschenke nicht drin. Sie müsse schließlich alles beieinander halten. Nicht einmal sich selbst gegenüber duldete sie Anwandlungen von Großzügigkeit. Abends Wurstbrot und Früchtetee und am Sonntag ein Stück Kuchen, das war genug in diese Richtung. Besuche stattete sie nur ab, wenn sie auf dem Weg lagen. Nur zu Beerdigungen, da ging sie gern hin. Telefonieren gab es nur zum Billigtarif, allerdings würde sie im Todesfall schon eine Ausnahme machen. Beim Einkaufen und auch beim Mittagessen genoss sie am meisten die Preisunterschiede. Wofür sie spare, war meine Frage. »Das tut's doch! Die anderen geben einem ja auch nichts!« war ihre trockene Antwort. Ich hätte ihr so gern eine Flasche Champagner geschenkt, aber sie winkte ab: »Loos des, es lohnt sich nümmi!« – zu deutsch: »Lass das, es lohnt sich nicht mehr!«

Spotten ist leicht, aber was kann man aus diesem eigensinnigen Lebensstil lernen? Geiz ist eben doch nicht ganz so geil, wie es in der Werbung heißt. Im Gegenteil, er kommt einem, was die Lebensfreude betrifft, teuer zu stehen. Und außerdem: Die Vermeidung von kleinen Sünden der Lust, Verschwendung, Sinnlichkeit und Liebe führt oft zu schlimmeren Sündenfällen.

## »Ich darf!«

Sie ist eine auffällig gekleidete, charmante ältere Dame, die schon seit 30 Jahren Witwe ist und allein lebt. Man trifft sie beim Einkaufen, beim Turnen, in der Straßenbahn, im Hallenbad, und ehe man sich versieht, ist man in ein Gespräch mit ihr verwickelt. Gespräch ist das falsche Wort. Selbstausdruck wäre passender, weil sie unverhältnismäßig früh zu sprechen beginnt und auch länger spricht als die anderen. Ihr Privatleben hat sie so weit reduziert, dass es ihr gerade noch genug Stoff liefert, um am nächsten Tag weiterreden zu können. Wenn man es aushält, kann man bei ihr die Kunst des Zuhörens ausgiebig üben. Sie hätte wohl besser eine Karriere als Schauspielerin angestrebt, da hätte sie wenigstens Auftrag und Honorar bekommen. Aber immerhin bezieht sie noch einen Teil ihres Selbstbewusstseins aus ihrer extravaganten Kostümierung – schreiendes Pink, Giftgrün und Tomatenrot sind ihre Lieblingsfarben. Man kann sie nicht übersehen und ist schnell verwickelt in einen Vortrag übers Essen, über ihren Pfarrer, über ihre Knie und über Menschen, die keiner kennt, ohne dass sie in Atemnot gerät oder sich unterbrechen lässt. Sie liebt die Margarine »Du darfst«, weil sie ihr doch immerhin eine kleine, fette

Sünde erlaubt. Aber dieser Slogan ist auch ihr Heilsversprechen: »Ich lebe, also darf ich reden, soviel und so lange ich will!« Dass sie ihre Geschichten hundertfach wiederholt, das beeindruckt sie kaum. »Dann erzähle ich es halt noch einmal!« Irgendjemand muss sie korrigiert haben, denn neuerdings pocht sie bei nostalgischen Erinnerungen nicht mehr auf absolute Objektivität. Neuerdings schickt sie bescheiden voraus: »Wenn ich mich recht erinnere ...«

Zu sagen, dass sie indiskret sei, ist mehr als höflich. Ihre Zunge ist einfach um ein Vielfaches schneller als ihr Kopf. Deswegen ist sie höchst irritiert, wenn andere nicht so verschwenderisch mit Worten umgehen. Sie ist dann geradezu verwirrt und redet noch einen Gang schneller und ein paar Dezibel lauter. In ihrer Jugend war sie begehrt wegen ihrer unbändigen Energie und ihres Sexappeals. Im Alter schimmert ihre Verrücktheit immer mehr durch und äußert sich nun im vielen Reden. Als ich mir einmal am Telefon nicht mehr zu helfen wusste, sagte ich zu ihr: »Du kannst ruhig weiterreden, ich leg schon mal auf!« Das war das erste Mal, dass es ihr für einen Moment die Sprache verschlug.

Man könnte bei ihr auf Ideen kommen, die aus dem Wilden Westen stammen könnten: Entweder du oder ich. Entweder vollgeschwallt werden oder selbst schwallen. Aber so einfach ist die Sache nicht. Ihr Reden hat existenzielle Gründe: Sie redet, um sich äußere Existenzerhaltung, Daseinsgewissheit und innere Selbstbestätigung zu verschaffen. Wo liegt die Grenze des Erträglichen? Auch wenn Redseligkeit eine erfreuliche Gabe darstellt, so gibt es doch ein Recht auf Selbstschutz, wenn diese rhetorische Gabe zur Belästigung ausartet. Soll man seinen pädagogischen Auftrag wahrnehmen? Ihr sagen, dass sie erst mal richtig durchatmen oder ausschlafen soll? Bei Kindern mag Ablenkung funktionieren, zum Beispiel mit der uralten Technik: »Oh, guck mal, ein Vögelchen!« Sie würde jedoch unbeirrt weiterreden, da sie in ihrer Rolle gefangen ist. Kurzum: Kein Öl ins Redefeuer gießen! Am besten, man stiehlt ihr das Echo. Gelassen bleiben, akzeptieren, dass sie zum Überleben auf ihre Droge angewiesen ist und womöglich zu den Verzweifelten gehört, die auf ständige Ablenkung von sich selbst angewiesen sind. Oder passiven Widerstand leisten, das Gerede geflissentlich ignorieren und innerlich auswandern. Damit ist schon viel gewonnen. Oder, wie eine Betroffene meinte: »Klappe auf und durch!«

## »Vergiss es einfach!«

»Ich Schussel«, sagt sie immer wieder, wenn sie ihren Schlüssel nicht findet. »Was wollte ich gerade noch sagen? Ich hab's vergessen.« Und manchmal vergisst sie sogar, was sie vergessen hat. Sie findet es irgendwie drollig, dass sie nicht weiß, wie man eine Mahlzeit kocht, wie man auf dem Stadtplan einen Weg findet, wie man sein Handy bedient, ganz zu schweigen vom Laptop, der ihr täglich wie ein neues Rätsel erscheint. Sie scheut sich nicht, immer wieder zu fragen: »Wie geht das noch mal? Ich habe meinen Zettel verloren. Sag es mir nochmal, heute merke ich es mir bestimmt.« Bevor jemand eine Bemerkung machen könnte, greift sie vor: »Ach, wie bin ich doch doof! Kannst du mir bitte helfen?« Sie hat Ratgeberbücher, die ihr das Denken abnehmen. Einen Arzt, der ihre Diät kontrolliert. Einen Pfarrer, der ihr bei Gewissensfragen weiterhilft. Und einen Therapeuten, der sich um ihre Seele kümmert. So braucht sie sich nicht selbst zu bemühen. Am liebsten wäre es ihr, sie könnte dafür bezahlen, damit andere diese unangenehmen, lästigen Aufgaben für sie übernähmen. Oder jemand würde so eine Art Aufsicht über sie führen, damit sie sich mehr dem Klavierspiel hingeben könnte. Aber selbst beim Üben scheitert sie daran, dass sie sich nicht mehr als fünf Minuten konzentrieren kann und am liebsten immer nur die gleichen alten Stücke spielt. Termine, Geburtstage, Namen, Verpflichtungen vergisst sie gern, wobei sie zugibt, dass sie vieles einfach auch vergessen will. Glücklicherweise hat sie einen Mann geheiratet, der auch den Hochzeitstag vergisst. Deswegen wird ihre Beziehung im Alter auch immer besser, weil sie beide oft vergessen, was sie aneinander stört. Natürlich nervt es ihn, dass sie ein bisschen bequem ist und ihm alles Verdrießliche abgibt, aber dafür darf er sie hemmungslos bevormunden.

Sie ist begeistert und fast euphorisch, wenn man ihr Postkarten, Geburtstagsglückwünsche, Kino- oder Konzertkarten schenkt und sie einlädt. Allerdings kann sie recht schnippisch und hochnäsig werden, wenn man ihren Fertigkeiten am Klavier nicht genügend Beifall zollt. Natürlich weiß sie, dass sie nicht gerade überragend, aber eben auch nicht katastrophal spielt. Dennoch hält sie es schlecht aus, dass die anderen sie nicht loben. Angesprochen auf ihre Wünsche und ob sie sich vorstellen könnte, weiterhin privaten Klavierunterricht zu erteilen, zuckt sie mit den Schultern: »Vergiss es einfach.«

Was ist die Moral von dieser Geschichte? Manche Menschen haben so große Angst, diesen Wahlspruch der Aufklärung »Habe Mut, dich deines eigenen Verstandes zu bedienen!« zu leben, dass daraus eine Kunstfertigkeit wird, andere zu ihrem Vorteil auszunutzen. Ist es Faulheit oder Feigheit, unmündig zu bleiben? Leider ist Hilflosigkeit keine Garantie für Klugheit. Sonst würde sie sich nicht so gefallen in ihrer Rolle der maximalegozentrischen Primadonna, die andere zu nutzen weiß. Es kostet nämlich Mühe und Verstand, sich von den Fesseln des hilflosen Mädchens, dessen Stärke in seiner Schwäche liegt, zu befreien. Genau diese Arbeit scheut sie. Stattdessen nutzt sie ihren Charme, dessen Eigenheit darin besteht, all das auszublenden und zu vergessen, was ein Sprung in die freie Bewegung bedeuten könnte. Was sie dabei verpasst, ist immens: Sie bleibt blind für ihre eigenen Möglichkeiten und auch für die der anderen Menschen.

## »Das Leben ist ernst!«

Ihre Laufbahn als Beratungslehrerin rutscht ins Perfekt: Das war einmal. Sie zeigt ihre Wohnung, die geradezu strahlt vor Persilreinheit, mit einem eindrucksvollen, in Millimeterarbeit ausgetüftelten Bücherregal mit vielen Reiseführern und pädagogisch-psychologischer Literatur. Sie doziert gern über Schopenhauer oder Musil, wobei sie beim Reden die leicht gespreizten Fingerspitzen aufeinander legt. Ein bisschen einsam sei sie schon, meint sie, weil es so wenige gibt, die ihrem geistigen Niveau entsprechen. Sie hat es schwer mit den Kollegen und Freunden, weil sie für ihren Geschmack zu oberflächlich oder flach gestrickt seien. »Mir ist einfach nicht zu helfen«, seufzt sie, obwohl sie über so viel Wissen und Weisheit verfügt. Starke Gefühle sind nicht ihre Sache, das würde ihre Seele zu sehr in Unordnung stürzen. Von irgendwelchen Leidenschaften hat sie sich nie hinreißen lassen, schon allein deswegen nicht, weil sie nichts mit Leuten anfangen kann, die unordentlich oder ungebildet sind und nichts auf die Reihe kriegen.

Sie kann über alles reden, nur nicht über sich selbst. Dafür weiß sie immer ganz genau, was für andere gut wäre, auch bei Dingen, von denen sie keine Ahnung hat. Eine Gabe, die unter den Menschen leider ungleich verteilt ist, geht ihr ab: Humor. Aber wo soll sie ihn auch hernehmen, wenn sie nichts zum Lachen findet? Obwohl ihr niemand Beifall spendet und obwohl der Weg dahin mit Einsamkeit gepflastert ist, ist es ihr lieber, recht zu behalten. Sie weiß, dass sie entspannter leben würde, wäre sie nicht so nachtragend, aber eine leichtere Lebenshaltung wäre ihr suspekt. »Man muss doch zu sich stehen!«, ereifert sie sich. So, wie sie jede Rechnung sofort bezahlt und auch fast nie etwas verlegt oder vergisst, kann sie einfach nicht begreifen, dass nicht alle Rechnungen aufgehen. Zum Glück gönnt sie sich hin und wieder heitere Momente. Das sind ihre Theaterabende, die sie sorgfältig einplant. Aber dennoch findet sie: »In meinem Alter darf man doch erst recht nicht sein Leben vergeuden mit Spaß und Spiel!«

Sie übersieht, dass man auf solch einem gepflasterten Weg zwar gut gehen kann, doch es wachsen keine Blumen auf ihm (Vincent Willem van Gogh). Dazu bräuchte es Toleranz für beides: das Ernste und das Leichte. Bei ihr lässt sich eine wichtige Lektion lernen: Es muss kein Problem sein, Unrecht zu haben. Niemand ist frei davon. Man kann sich Vergebung dafür schenken oder schenken lassen. Manche haben öfter Unrecht als andere, aber die Buchführung darüber wird nur Rechthaber interessieren. Es ist zu spüren, dass hinter ihrem Rechthabenwollen ein tiefes Bedürfnis nach Wertschätzung und Anerkennung steckt. Bedenkt man, dass unter dieser Schicht von Rechthaberei Einsamkeit oder Verzweiflung begraben liegen, bleibt nur eines: sanft und respektvoll sein und nicht anfangen, selbst zum Erzieher zu werden. Allein der Blick von der Seite oder sogar in den Spiegel und die damit verbundene unliebsame Selbsterfahrung genügen manchmal schon, dass selbst hartgesottene Rechthaber plötzlich den Spiegel abdecken wollen oder über sich selbst zu lachen beginnen. »Don't sweat the small stuff, it's all small stuff«, so lautet eine alte und durchaus beherzigenswerte Volksweisheit, die wir den Engländern verdanken (»Mach dir keine Sorgen um die kleinen Dinge – es sind alles kleine Dinge«).

## »Spieglein, Spieglein an der Wand«

Die charmante, gestylte Singlefrau in den Sechzigern, die als Programmiererin arbeitet, bricht leicht in Tränen aus. Es rührt sie zutiefst, wenn in ihrer täglichen geliebten Dokusoap jemand krank oder einsam ist. Ihre kranke Nachbarin würde sie aber nicht gern besuchen, da sie Angst vor Ansteckung hat und sich lieber fernhält. Neulich las sie in der Zeitung, dass ihr Bekannter gestorben sei. »Das war der tollste Mann meines Lebens«, sagt sie. Die schönste Nacht meines Lebens, das beste Essen der Welt, die traumhaftesten Ferien. Übertreibungen und Metaphysik sind ihre Lebenselixiere. Sie hält sich für großzügig und beliebt, weil sie gern zuhört, wenn andere über ihre Krankheiten oder Missgeschicke reden. Krankheiten, Operationen oder Unfälle faszinieren sie. Vor allem die eigenen, über die sie sich abendfüllend detailliert und ausführlich auslässt. Überhaupt ist sie auffallend häufig krank, oder zumindest fühlt sie sich so. Kleine Unpässlichkeiten und Wehwehchen erzeugen in ihr große Panik, weil sie alles sehr dramatisch erlebt. »In den letzten Jahren war ich nicht mehr als drei Tage gut drauf«, meint die ambitionierte Fachfrau, die trotz unzähliger Allergien relativ wohlgenährt aussieht.

Sie lässt sich nicht so einfach einbinden in eine Beziehung, weil es ihr schnell zu eng wird. Dieser Eigensinn hat seinen Preis und seine Chance. So kann sie immer weiter nach dem Richtigen suchen. Sie meint nämlich, dass Amor ihr ständig den Falschen schickt. Dank Internet hat sie nun selbst die Initiative ergriffen und wird auch immer wieder fündig. Allerdings ist ihr Liebesideal höchst anspruchsvoll. Sie setzt voraus, dass die Liebe eines Mannes unabhängig von ihrem Verhalten zu sein hat. Entweder er hält sie so aus, wie sie nun mal ist, oder er hat Pech gehabt. Wenn sie sich verhält wie eine schwer erziehbare Jugendliche, so sollte sich ihr Gegenüber dennoch freuen, mit ihr zusammen zu sein, denn das sei schließlich Liebe. Und als einmal ein Partner, mit dem sie schon länger zusammen war, fragte, ob sie auch bereit sei, ihn zu lieben, wenn er Alzheimer bekäme, meinte sie: »Suche dir lieber eine Ärztin oder eine Krankenschwester, das ist nicht mein Ding.«

Auch gegenüber sich selbst ist sie erbarmungslos. Ohne Taschenspiegel würde sie nicht aus dem Haus gehen. Sie kann auch an keinem Schaufenster vorbeischlendern, ohne sich nicht eindringlich zu mustern. Als Spiegel dienen aber auch die anderen, die sie immer wieder fragt: »Sehe ich noch jung aus?« »Sehe ich gut aus?« »Bin ich zu dick?« »Merkt man, dass ich abgenommen habe?« »Bin ich braun geworden?« »Sieht man, dass ich in Kur war?« In ihrer Wohnung hängen fast ausschließlich Fotos von ihr selbst, nachdem es in der Pubertät wegen figürlicher Entgleisungen die große Fotolücke gab. Bekannte gewinnen sofort ihre Zuneigung, wenn sie ihr ein Foto von ihr selbst schenken. Da fühlt sie sich gesehen und in ihren tieferen Dimensionen erkannt.

Auch ihre Familie und ihre Freunde versorgt sie regelmäßig per E-mail mit den neuesten Fotos, die sie in den abenteuerlichsten Posen zeigen. Sie versteht es überhaupt nicht, dass ihre alten Eltern ihr so wenig Resonanz auf ihre Einblicke schenken: »Ich am Strand«, »Ich im Bikini«, »Ich beim Tanzen«, »Ich im Minirock«, »Ich nach der Kur«, »Ich lachend«, »Ich räkelnd«.

Ein bisschen Humor hat sie schon, sonst würde sie ihren Liebhabern nicht immer wieder anbieten, Freunde zu bleiben. Das Übliche, wenn eine Liebe scheitert, als wäre das Scheitern die Voraussetzung für eine gute Freundschaft. Wenn es so leicht wäre!

Freundlich und liebenswürdig ist sie in der Tat, aber sie hat dennoch wenig Freunde. Es scheint ihrem überdurchschnittlichen Selbstbewusstsein gut zu tun, dass sie sich ständig wie beim Sicherheitscheck am Flughafen diagnostiziert: Sind mein Gewicht, meine Haut, mein BMI, meine Ernährung noch in Ordnung? Fixe Ideen taugen aber leider nun mal nichts, wenn es darum geht, einander zu begegnen. Menschen sieht man nicht wie Gemälde, Kunstwerke oder Häuser. Man sieht sie in der Hoffnung, ihnen begegnen zu können, sie zu spüren und zu fühlen. Hier liegt wohl ihre Chance und Einsicht: dass sie sich zeigt, zu erkennen gibt und berührbar macht. Dabei wird sie erkennen, dass auch andere Sorgen als die Sorge um die eigene Gesundheit und Schönheit möglich sind. Konkret gesagt: dass sie reden, lachen, weinen kann, ohne in den Handspiegel zu schauen. So entsteht Vertrautheit mit anderen und intimes Wissen voneinander. So bleibt man nicht lange allein.

## »Ich brauche Luft«

Man könnte meinen, dass sie schüchtern und bescheiden sei. Als Erzieherin hatte sie einen guten Ruf. Sie sei so nett und lieb zu den Kleinen gewesen, sagen die Eltern. Sie hätschelte die Kleinen und aß mit ihnen Gummibärchen und Nutella. Noch heute spricht sie in der Verkleinerungsform von »Schatzele«, »Mädele«, »Mamale«, »Bussi«, »Drückerle«, »ein bissi«. Sie mag es, dass man sie so nett sieht, aber es stimmt keineswegs.

Sie ist überhaupt nicht scheu oder aufopfernd. Sie ist nämlich ziemlich eigensinnig und mag einfach keine Leute um sich herum haben. Ganz schnell fühlt sie sich eingeengt, ausgenutzt und bedrängt. Selbst Telefonate, die nicht im Billigtarif zu haben sind oder nach ihrem Geschmack zu lang ausarten, führen sie an die Grenze ihrer Selbstgenügsamkeit. Und bei Festen sollen die Leute gefälligst selbst Salate und Käse beisteuern. Es genügt doch, wenn sie ihren heiligen Raum zur Verfügung stellt. Freizügiger eingestellte Leute meinen, man müsse ihr nur ein bisschen auf die Sprünge helfen und sie aus der Reserve locken, dass sie mehr aus sich herausgeht. Sie übersehen aber, dass sie einfach unglaublich viel Raum für sich selbst braucht. Marktplätze und Lifts können sie fast ins Wachkoma befördern, da sie furchtbare Angst hat, nicht genügend Luft für sich abzubekommen. Wenn Sie mal etwas großzügiger gelaunt ist und Briefe schreibt, so passen gerade mal drei Wörter in eine Zeile. Selbst die Leser merken, dass sie auffallend viel Platz, Weite, Raum und Abstand um sich braucht.

Es gefällt ihr in ihrem hübsch dekorierten Refugium, das sie ungern teilt, weil sie jeden irgendwie als Eindringling empfindet. Sie liebt ihre Wohnung wie ihre zweite Haut. Es ist idyllisch dort und wimmelt nur so von kleinen Figürchen, Selbstgebasteltem und Schnickschnack. Alles ordentlich und schön in kleinen Fächern, Schächtelchen oder Schälchen gehortet. »Meine Wohnung bin ich«, das genügt ihr. »Bitte nicht zu lange bleiben!« Darüber hinaus hat sie wenig Ansprüche. Ein paar Bücher aus der Bibliothek, spazieren gehen, Fahrrad fahren, im Café Zeitung lesen. Warum denn in die Ferne schweifen, wenn die mögliche Erfüllung der Träume so nahe liegt? Der Alltag ist ihr einfach näher als die Klimaerwärmung, die Wirtschaftskrise oder die Schrecken von Nahostkonflikten. Am nächsten stehen ihr ihre Kinder, die sie regelmäßig besucht und ähnlich empfindet wie ihre Wohnung, als Ausdehnung ihres bescheidenen Selbstideals.

Ihre selbstgenügsame Haltung hat eine gewisse Tragik, da sie anderen immer irgendwie unzugänglich bleibt. Sie wird zwar von manchen gemocht, bleibt aber bei aller Freundlichkeit immer ein wenig fremd. Würde man sich wünschen, so behandelt zu werden, wie sie sich selbst behandelt? Diejenigen, die in wärmeren seelischen Gefilden leben, würden das wahrscheinlich verneinen. Sie haben es lieber heißer und auch wechselhafter. Gottlob hat sie Schwestern, die ihr verwandt sind und deswegen auf missionarische Bekehrungen oder Ratschläge verzichten. Die Bereitschaft, freundlich zu sein, wird von ihnen dankbar erwidert, weil auch sie es gern nett und schlicht haben. Man will ihr das Leben nicht schwerer machen, als es ohnehin ist. Vielleicht ist das ja auch schon viel. Dass Wohltemperiertheit und Leidenschaft nicht gerade besonders gut zusammenpassen, dürfte auch klar sein. Verhaltensmuster lassen sich nicht einfach so herstellen, aber auch nicht einfach ändern, denn dazu bräuchte es viel Ehrlichkeit vor sich selbst.

# Herbst in die Seele nehmen

## Vom Pfeifen im dunklen Wald

»Darf man als Atheistin überhaupt zu Gott beten?«, fragte eine Freundin. Wenn man Selbstwidersprüche mag, tut man sich eigentlich nicht schwer damit. Aber vielleicht gibt es ja einen tieferen Grund, weshalb man seine Glaubensüberzeugungen nicht für der Weisheit letzten Schluss hält. Außerdem fanden wir beide, dass Gott sicher schon Schlimmeres erlebt hat als jemanden, der ratlos ist und sich an ihn wendet. Daraus folgt nicht Beliebigkeit, sondern allenfalls die Bescheidenheit, anzuerkennen, dass es mitunter Situationen wie das Pfeifen im dunklen Wald gibt, wo man sich Mut zu machen versucht.

Seit sie allein lebt, ist sie in eine Krise geraten, fühlt sich wie ein gestürzter Baum in einem leeren Wald. Allein in ihrer Wohnung, die sie sich so gemütlich eingerichtet hat, kommt sie sich vor wie in einer Mondlandschaft. Da ist so wenig, was wärmt. Mit ihren Freundinnen kann sie über wichtige Dinge reden, über ihre Enkelin, die nächste Reise, die Histamin-Allergie. Was ihr fehlt, ist diese tägliche »Fellpflege« an Beobachtungen, Meinungen, Wünschen, Klagen. Wen interessiert schon, ob sie kalte Füße hat, die Haare schneiden soll, den Schlüssel verlegt oder den Zug verpasst hat? Soll sie der Kassiererin im Supermarkt erzählen, dass sie den Kuchen kauft, weil ihre Cousine am Sonntag zum Kaffee kommt? Sie antizipiert die Reaktionen in der Schlange hinter ihr und lässt es lieber bleiben. »Auf was warte ich eigentlich?«, fragt sie. »Vielleicht sollte ich mich wirklich auf dieses Leben einlassen und endlich anfangen, mir ein angenehmeres Leben zu schaffen.«

Bei ihr ist es die Einsamkeit, die diese Melancholie und Traurigkeit zu Dauergästen macht. Andere machen sich Vorwürfe, weil sie sich Dinge vornehmen, die sie nicht umsetzen, oder Probleme verdrängen, die sie nicht lösen wollen. Wenn jemand in diesen Tälern landet, gibt es oft einen offensichtlichen Grund – der Partner geht, eine Freundschaft zerbricht, die Kündigung, der Schatten auf der Lunge. Manchmal gibt es aber auch keinen Grund – jedenfalls keinen sichtbaren, konkreten, außer vielleicht einer bitteren Erkenntnis, wie bei dieser Endsechzigerin: »Ich habe mein Leben lang hart gearbeitet, sämtliche Erwartungen erfüllt und merke mit Schrecken, wie schnell die anderen mich vergessen. Es ist hart, anzuerkennen, dass das Leben nur ein Hauch ist.« Oder: »Die Sonne scheint, alle sitzen draußen und spielen oder genießen ihren Capuccino. Ich könnte auf dem Balkon lesen, stattdessen verplempere ich meine Zeit vor dem Fernseher und am Computer.« Oder: »Ich sage Einladungen zu, weil ich zu feige bin, Nein zu sagen, und dann bleibe ich dennoch zu Hause, weil ich zu müde und bequem bin. Selbst mein lebenslanges Mantra ›Was sagen die anderen?‹ wirkt nicht mehr.«

Sie alle fühlen sich irgendwie vom Leben erschöpft und ausgebrannt. Kommen zu sich selbst zurück und fragen sich, ob sie sich die Erlaubnis geben dürfen, sich erschöpft oder unverstanden zu fühlen. Oder sie fragen sich, ob sie ihre Ansprüche nicht lieber herunterschrauben, als niemanden in der Nähe zu haben. Sie fühlen sich schuldig. Womöglich ist es nicht einmal ihre Schuld, sondern eine notwendige Phase des Abstiegs, um sich mit neuen Kräften aufzuladen. »Man kann nicht zweimal denselben Salat essen«, könnte man frei nach Heraklit sagen. Ein Zurück gibt es nicht mehr und das Neue ist noch nicht da. Es gibt zwar unzählige Optionen im Kopf, aber in der Depression stockt die Lebensreise, der Raum zieht sich zusammen. Man hat das Gefühl, man sei nur von Wänden oder Mauern umgeben und die eigene Welt scheint immer kleiner zu werden; im Gegensatz zu Glücksgefühlen, bei denen sich die Welt weitet. So stelle ich mir das Gefühl von Rilkes »Panther« vor, der in seinem Käfig unaufhörlich Runden dreht und hinter den Stäben seines Käfigs kein Leben mehr wittert. Vielleicht geht es gar nicht so sehr darum, etwas zu unternehmen, was einen Unterschied macht, als zu akzeptieren, dass unser Leben in Zyklen verläuft und beides braucht: Einatmen und Ausatmen, Tag und Nacht, Sommer und Winter, Geburt und Sterben. Statt zu fragen: »Wie geriet ich auf diesen traurigen Weg?« brauchen wir jetzt besonderes Vertrauen, dass das Leben auch in uns weiteratmet, dass es Halt und Mitgefühl gibt. Auch wenn niemand in der Nähe ist, so lernen wir gerade auf diesen traurigen Straßen, mit uns selbst endlich liebevoller umzugehen. Unsere eigene innere Weisheit weiß nämlich, dass all diese Erfahrungen letztlich Vorläufer sind, die uns Zugang zu dem verschaffen, was uns am Ende erwartet.

Man kann sich natürlich auch von diesen Weltuntergangsstimmungen ablenken, sie am Tresen einer Bar vergessen, sie wie eine Grippe wegschlafen, aussitzen oder darauf vertrauen, dass sie vorbeiziehen. Manchmal spürt man diesen Zustand schon kommen und kann noch rechtzeitig entwischen, bevor es einen erwischt hat. Für die einen ist es eine neue Aufgabe, die alle Kraft beansprucht oder eine neue Beziehung, die einen aus den Angeln hebt, andere müssen einfach etwas abrüsten, was ihren Alltag betrifft. Und wer wirklich am Anschlag ist, geht zur Freundin oder telefoniert mit einer nahestehenden Person. Sicher kommen noch ein paar andere Ingredienzien hinzu, wie beispielsweise ein bisschen liebevoller für sich selbst zu sorgen. Denn das ist der Königinnenweg zum Eigensein. Mitgefühl mit sich selbst. Die Depression ist ein Teil von uns, der vor allem unser Mitgefühl braucht. So hellt sich der dunkle Weg auf. Und wir lauschen auf unseren eigenen friedlichen Atem.

## Überstehen ist alles

Früher fand ich es anstrengend, mich in irgendwelche Jammertäler hinabzerren zu lassen. Schon als Kind wurde uns beigebracht: »Bei Tisch spricht man nicht über Krankheiten, Gebresten und Zipperlein.« Das sei unappetitlich und schlimmer als ein schlechter Witz. Wer ständig über Krankheiten und Wehwehchen grübelte, der wurde zum Therapeuten geschickt. Punkt! Bei der besten Freundin war das natürlich anders, da gab es stundenlange Telefonseelsorge, kalte Umschläge, Hühnersuppe, Bügeln und Boden aufwischen. Freunde halten Anstrengungen aus und fordern sie auch ein. Kein Problem!

Meine Freundinnen haben alle ihre kleinen oder größeren Alterszipperlein. Wahrscheinlich denken sie das auch von mir. Die eine erzählt ständig von ihren neuesten Rezepten gegen kalte Füße, hohen Cholesterinspiegel, Rückenschmerzen oder Pralinensucht. Quark gegen Sonnenbrand, Salzstängel gegen Durchfall und Erdbeeren für schneeweiße

Zähne. Die andere tut, als wäre sie eine Zeugin Jehovas, weil sie regelmäßig das nahe Ende kommen fühlt. Da helfen kein Beistand und keine originellen Ablenkungsideen: »Komm, wir gehen mal wieder zum Italiener.« »Magst du mal eine Runde Scrabble spielen?« »Lass uns zu IKEA fahren!« Eine andere ist immer so unbeirrbar prima drauf, dass man sich neben ihr fast wie eine Lebensversagerin vorkommt. Bei ihr läuft zwar immer alles rund, aber ihr engster Freund – der Alkohol – ist immer dabei. Die Gespräche mit ihr sind einmalig und unvergesslich, allerdings löscht der gnädige Schlaf fast alles aus ihrer Erinnerung. Wieder eine andere wird derart hart vom Leben gebeutelt, dass man sich fragt, warum bei einem selbst überhaupt irgendetwas gelingt und ob es nur die Ruhe vor dem Sturm ist, dass man so ungeschoren davon kommt.

Wie gern würden wir auf die körperlichen Unannehmlichkeiten des Älterwerdens verzichten, doch leider bleibt uns keine andere Wahl. Wenn sich unser Körper auf die Seite dunkler, schmerzhafter Metamorphosen schlägt, während der Geist noch flackert und sprüht, bleibt einem nicht viel übrig, als es heldenhaft oder freundschaftlich zu ertragen. Ich ziehe freundschaftlich vor, weil unser Körper uns so lange treu und diskret begleitet hat – von Ausnahmen abgesehen –, dass wir ihn jetzt nicht verraten sollten. Die Autorin Christiane Singer bringt es auf den Punkt: »Von nun an bin ich mit ihm ein Leib und eine Seele.« Der Körper der Reife als Freund, als Gefährte, als Lehrer – mein eigener Körper. Er ist unser Wohnsitz bis zum letzten Atemzug. Das bedeutet nun nicht, dass wir ihn wie ein rohes Ei behandeln und auf Samtpfoten durchs Leben schleichen müssen. Zum Glück gehören wir einer Generation an, in der unsere Eltern uns diesen joggenden, Nordic walkenden,

Körner kauenden, dünne helle Tees trinkenden Gesundheitsterror ersparten. Nichts gegen Haferflocken, die die Arterien durchbürsten sollen, aber inzwischen weiß man, dass dieses Pferdefutter nur während des Kauens gesund ist, da man in dieser Zeit keine Cheeseburger vertilgen kann.

Gitterstäbe sind für uns anstößig. Und diese teutonische Sucht nach ständig neuen Verordnungen und Verboten – Nein danke. Wir wollen uns nicht in Watte packen und auch ohne Kopf- und Knieschutz springen. Wir wollen behutsam mit uns umgehen, aber keine Weicheier sein. Dieser Tugendterror geht uns gegen den Strich, weil er unserer Vitalität, Spontaneität und Waghalsigkeit an den Kragen geht. Auf höherem geistigem Niveau und produktiver ist es für uns, die eigene Fantasie zu aktivieren.

<u>Eigensein heißt, abschätzen zu können, was ich mir selbst zumuten darf.</u> Meiner Urteilskraft zu trauen, die Grenzen, die mir bekömmlich sind, selbst zu ziehen. Dem Tagedieb in mir unbekümmert Raum geben, den eigenen Launen freien Lauf lassen und über die Stränge schlagen, wenn es denn sein soll. Ich meine nichts ungemein Risikoreiches, aber freien Auslauf für das Zirkuspferd in uns, das immer wieder hüpfen, laufen, springen und zwischendurch rasten und ruhen soll, wie, wo, wann und mit wem es will. Leben heißt, sich nicht von Verlusten und Verletzungen niederstrecken zu lassen. Leben heißt, sich nicht aufzusparen und zu schonen. Eine Kollegin meinte, sie kenne Menschen, die sich zu Tode schonten. Wofür eigentlich?

Heute verstehe ich diese Gespräche über Krankheiten besser als früher. Die schockierende Erfahrung, dass unser Körper irgendwann macht, was er will, obwohl man im Kopf noch alles beieinander hat, braucht Klagemauern. Menschen, mit denen man reden, auf die man sich verlassen kann. Hier geht es nicht um Tratsch, sondern um Trost. Im Älterwerden braucht man viele gute Blicke und viele warme Hände. Bedenkt man das, vergeht einem schnell das hämische Grinsen oder das altkluge Lächeln über solche Gespräche. Wir werden ja nicht zum Spaß älter, oder weil wir gerade nichts Besseres zu tun haben, sondern weil wir nicht anders können und uns allen dasselbe blüht.

Trösten und sich trösten lassen, einander beistehen und Respekt zollen ist das Lebenselixier der Frauen, die sich nicht niedermachen lassen. Allerdings nicht auf die esoterische Art: »Alles hat seinen Sinn; alles wird wieder gut, wenn man lange genug wartet.« Dann lieber ein ordentliches Glas Wein, aber bitte kein Gesülze. Wir brauchen weder Gouvernanten noch Ordnungshüter, die uns gut gemeinte Ratschläge, Schuldzuweisungen oder falsches Mitleid geben. Wir wollen reden, wann immer uns danach ist, bestätigt der Jounalist Sven Kuntze. Welche Beschwerden uns plagen mögen, stoisches Leiden und heroisches Zähneknirschen sind Haltungen, die einsam und starrsinnig machen. Ohne Hilfe von außen können wir uns selbst nicht klar genug erkennen, egal wie clever und eigensinnig wir sind. Wir können zwar heimlich Symptome googeln und Selbstdiagnostik betreiben, aber wenn uns der Körper piesackt und nötigt, den Hausarzt nicht nur zu mögen, sondern auch zu beanspruchen, ist die Zeit gekommen, die Grenzen der eigenen Allmacht abzustecken. Wir brauchen ein zweites Augenpaar, weil wir nicht selbst in unsere Innereien schauen können. Bisher hat noch niemand sagen können, was Gesundheit eigentlich ist. Und auch Krankheit – wie der Philosoph Gadamer betonte – lebt im Verborgenen. Wir können sie umkreisen, umzingeln, aber wir können uns ihrer nicht bemächtigen. Für die Gesundheit ist man bereit, alles zu geben. Dies nutzen Wunderheiler, Schamanen und Gesundbeter aus, die sich noch mysteriöser geben als die schon rätselhaft erscheinende Krankheit. Hier lernt man, dass Krankheiten den Charakter abbilden und sogar zu Botschafterinnen der Seele aufsteigen, dass wir also genau die Krankheit bekommen, die zu uns passt. Außerdem lernt man, radikal egoistisch zu denken: meine Prognose, meine Werte, meine Diät, meine Symptome, meine Zukunft. Und wenn man nicht geheilt entlassen wird, so ist man immerhin ein bisschen wachsweicher geworden und verlässt den Heiler mit seinen exotischen Wundermitteln zwar um einige Euros leichter, dafür um ein paar Momente der Erleuchtung reicher. Bis zum nächsten Mal.

Die vielen Witze über Ärzte spiegeln unsere Unsicherheit, Hilflosigkeit, die Angst ihnen ausgeliefert zu sein und unser merkwürdiges Verhältnis zur Autorität. Ähnlich wie im Elternhaus wird man wieder ein bisschen zum Mädchen, ertappt sich in dieser Mischung aus guter Kinderstube, Gehorsamkeitsreflex und Aufsässigkeit. Ob wir es wollen oder nicht, unsere Symptome erzählen etwas über uns. Vielleicht wäre es an der Zeit, dass wir unsere Irritation über Ärzte nicht nur durch Witze abwehren, sondern ein Wörtchen mitreden, wenn es um unser Wohlergehen geht. Es gibt glücklicherweise immer mehr Ärzte, die mit uns auf Augenhöhe gehen und uns viel zutrauen. Sie haben begriffen, dass wir über die Urteilskraft verfügen, die Grenzen zu ziehen, innerhalb derer wir uns gemäß ihrer Indikationen verhalten und außerhalb derer wir unseren Launen und Kaprizen freien Lauf lassen. Solange wir mehr Freunde haben als Ärzte und mehr Einladungen als Arzttermine, gibt es eigentlich nichts einzuwenden.

## Zu sich selbst Nein sagen

Die Schwierigkeit, Nein zu sagen – anfänglich eine Herausforderung im Umgang mit anderen – gilt auch für sich selbst. Eigen sein heißt auch, Nein zu sich selbst zu sagen. Nein zu eigenen Verhaltensmustern, die das Leben einschränken. Das mag paradox klingen, da wir gewohnt sind, uns als Täter oder Opfer zu empfinden, und nun plötzlich Täter und Opfer gleichzeitig sind. Eingefahrene Muster zwängen uns Grenzen auf. Meist sind wir es selbst, die unsere festgezurrten Korsetts verteidigen. Oft kann man gar nicht unterscheiden, woher diese rühren: von einem selbst oder von Auflagen, die wir früheren Bezugspersonen verdanken. »Von der Wiege in die Falle«, bezeichnete eine Klientin diese einengenden Verhältnisse, die uns immer wieder in alte Muster und Marotten hineintappen lassen. Unsere Frauenzeitschriften sind ja voll davon. Lieber brav als lebenslustig, lieber schlank als satt, lieber uneigennützig als unabhängig, lieber schön als klug, lieber Klappe halten als Ansprüche formulieren, lieber ruhig sein als laut sprechen, lieber harmlos als temperamentvoll, lieber unzufrieden als selbstbewusst, lieber ein dickes Fell als Wutanfälle. Wir ärgern uns zwar über solche Zumutungen, aber der Sog dieser Gewohnheiten und Erwartungen ist stark, und der Weg heraus ist dornig. So dornig, dass wir uns immer wieder selbst verletzen, wenn wir an unsere Blockaden stoßen, die uns festhalten und kontrollieren.

Man muss wohl ein paar Jährchen gelebt haben, um den Mut aufzubringen, Grenzen zu überwinden, denn nichts anderes bedeutet schließlich »Eigensein«. Einengende Grenzen hinter sich zu lassen ist geradezu ein Synonym für befreienden Eigensinn. Und das bedeutet auch: Nein sagen zu sich selbst. »Nein, das tue ich jetzt nicht«, wenn wir wieder einmal zu viel Verantwortung für andere übernehmen. »Nein, das lasse ich jetzt«, wenn wir Probleme ersäufen wollen, statt sie zu lösen. »Nein, das sage ich nicht«, wenn wir lästern wollen, statt die eigenen Fehler anzuschauen. »Nein, das bewerte ich jetzt nicht«, wenn wir den Irrsinn der anderen weniger einleuchtend finden als den eigenen. »Nein, das lasse ich los«, wenn wir uns wieder einmal wie ein Pittbull an etwas festbeißen. »Nein, das brauche ich jetzt nicht«, wenn wir unsere Gefühle mit zu viel Zuckerbrot kompensieren wollen. »Nein, ich bleibe nicht allein«, und unter Leute zu gehen, weil ich menschliche Wärme brauche.

Es ist Lebenskunst, sich selbst gegenüber Nein zu sagen, zumal wir von Ratgebern immer wieder aufgefordert werden, Ja zu sagen, uns selbst zu lieben und zu verwöhnen. Im Tonfall eines Ajatollahs wird einem dort die Liturgie des intellektuellen Stillstandes um die Ohren gehauen: »Bleib wie du bist!« Ja sagen zu sich selbst ist aber nur eine Seite der Medaille, genauso wichtig ist das Nein-Sagen zur Eigenliebe, wenn man nicht verdummen will. Es gibt nützliche Fragen, die uns dabei leiten können: Gibt es mir Seelenfrieden, wenn ich dies oder jenes tue? Dient es der Selbstbestimmung, wenn ich dies oder jenes tue?

Wir fühlen es, wann ein Nein zu uns selbst angesagt ist. Wir spüren, wenn sich etwas in uns regt, das leise auffordert: »Sag Nein«, weil es ein Nein ist, das aus der Liebe zu uns selbst herrührt. Eine Mutter, die sich immer wieder dabei ertappte, wie sie sich selbst mit ihrer Unordnung Fallen stellte und ständig irgendwelche Dinge suchte, begann mit klarer, erhobener Stimme zu sich selbst zu sprechen, dass sie gefälligst jetzt sofort aufräumen solle. Sie sah nämlich ein, dass dieser Ton nicht nur bei ihren Kindern, sondern auch bei ihr selbst funktionierte und gute Ergebnisse zeigte.

Nein sagen muss nicht laut sein, eher sorgfältig dosiert, sonst verfehlt es seine Wirkung. Nein sagen stärkt unser Eigensein, unsere Identität. Insofern ist es ein Protest gegen Gesichtsverlust. Wir alle kennen Menschen, die nicht Nein sagen. Sie haben Angst, sich zu isolieren. Sie ängstigen sich vor der Einsamkeit und wollen deswegen niemanden »vor den Kopf stoßen«, weil sie selbst nicht verstoßen sein wollen. Die Gefahr ist Selbstverrat. Die Anstrengung, ein Jemand zu sein und eigene Konturen zu gewinnen, ist ein Akt der Balance zwischen Ja und Nein, zwischen dem, was zu mir gehört und dem, was nicht mehr zu mir passt. Wir brauchen nicht nur das Gegenüber, gegen das wir uns richten und auf das wir uns stützen können, sondern wir suchen und protestieren, identifizieren und trennen genauso in und mit uns selbst.

Nein sagen zeigt sich in vielerlei Gestalten: Schweigen, innehalten, unterlassen und tief durchatmen, bevor wir reflexartig reagieren. Dabei denke ich besonders an unsere E-mail-Kommunikation, die geradezu dazu verführt, unreflektierte Schnellschüsse abzuschießen. Selbst der Volksmund legt uns nahe: »Schlaf erst mal eine Nacht darüber«, dennoch halten sich viele nicht daran. Wie wir die Balance zwischen Ja und Nein finden, hängt davon ab, wie achtsam und sorgfältig wir mit uns selbst und den anderen umgehen. Neigt man dazu, Dinge zu schnell zu erledigen, versucht man eben Zeit zu gewinnen und die Dinge ganz bewusst langsam anzugehen. Statt unüberlegt zu sagen: »Erledige ich«, unterdrückt man diesen Reflex und hält sich immer wieder bewusst zurück. Statt wie gewohnt beleidigt zu schweigen, versucht man, mit seinem Partner in Kontakt zu bleiben. Es gelingt vielleicht nicht immer, aber immer öfter. Eingefleischte Gewohnheiten lassen sich nicht einfach so abstellen, deswegen funktionieren Diäten und Neujahrsvorsätze auch nicht. Durch Kampf gewinnt man nicht, sondern durch die Erfahrung, dass die eigenen Bedürfnisse eher gestillt werden, wenn wir das üben, was uns gut bekommt, stärkt und im besten Sinne eigen und stimmig macht. Deswegen: Üben, üben, üben.

## Ist Schweigen wirklich Gold?

Schweigen ist manchmal die beste Lösung. Man gewinnt Zeit, beruhigt sich und gewinnt Abstand. Aber muss es deswegen Gold sein? Reden ist ja auch kostbar. Vor allem, wenn es um den Austausch mit den Liebsten geht, die mehr als nur stille Verehrung verdienen. Alles zu seiner Zeit, so sagen die Alten.

Wenn ich an die Frau denke, die geradezu andächtig schweigend den Sonnenaufgang am Meer genießt, so empfinde ich dieses Schweigen wirklich wie Gold oder sogar als heilig, weil zu spüren ist, dass sie andächtig verbunden und gleichzeitig ganz eigen ist – in ihrem inneren weiten Raum. Aber wie oft erleben wir das ganz andere Schweigen, das dumpfe, bleierne, unnahbare. »Du tust mir Gewalt an«, sagt sie zu ihm, »dein Verhalten ist passiv-aggressiv. Es macht mich verrückt. Ich kann es nicht akzeptieren.« Er will sich nicht rechtfertigen, da er sich daran gewöhnt hat, dass vieles sich irgendwie von allein löst. Kein Wunder, dass sie sich allein gelassen fühlt. Seine Schutzwälle, die ihn so unnahbar erscheinen lassen, ermöglichen ihm wenigstens ein Stück Eigenleben, verschonen ihn vom Gesichtsverlust und der Niederlage. Aber der Preis dieser eigensinnigen Abschottung ist hoch. Nichts bewegt sich mehr, der Kontakt ist abgebrochen. Er kann kaum ausatmen.

Das Spektrum des Schweigens ist vielfältig. Es gibt in der Tat ruhige Zeitgenossen, die so klug sind, andere sprechen zu lassen, weil ihnen nichts Gescheites oder Relevantes einfällt. Oder andere, die derart zur Höflichkeit erzogen worden sind, dass sie nur reden, wenn sie wirklich etwas zu sagen haben. Oder wieder andere, die finden: Wenn Gott schweigt, dann halte ich gefälligst auch die Klappe. Andere wiederum sind Experten im Zuhören und geben dem anderen das Gefühl, völlig präsent zu sein, obwohl sie kaum etwas von sich preisgeben. Dann gibt es die selektiven Schweiger, die nur dann schweigen, wenn es um ihre persönlichen Gefühle und Regungen geht. Oder die »Abstandhalter«, die jedes Gespräch, das Nähe aufkommen lässt, durch ihr gezieltes Schweigen ersticken. Und die »Heimspieler«, die jedes Gespräch, das für ihre eigenen Belange uninteressant und bedeutungslos ist, zum Verstummen bringen, weil es nicht zu ihrem Heimspiel taugt. Man merkt es an der eigenen Reaktion: Man möchte selbst nur noch schweigen, weil man ohnehin keine Resonanz erhält.

Ob jemand nun weise, zurückhaltend, scheu oder einfach sprachlich unbeholfen oder ungeübt ist, manchmal ist Schluss mit Schweigen und Reden ist Gold. Das ist einer der Vorteile, wenn wir älter werden: Wir können, wie der Philosoph Odo Marquard sagt, »unbekümmerter nicht nur merken, sondern auch reden … Man braucht im Alter keinen Mut mehr, um in Fettnäpfchen zu treten, weil man nicht mehr genug Zukunft hat, um wieder getreten werden zu können.« Man kann deutlicher wahrnehmen und sagen, was los ist. Man ist mutiger, sich zu zeigen, Farbe zu bekennen, aufzudecken, weil man vom Zukunftskonformismus befreit ist. Und man ist eher bereit, Dummes beim Namen zu nennen, weil man mit den Jahren dünnhäutiger geworden ist.

Es gibt kaum ein sichereres und effektiveres Mittel, andere zu verletzen, zu demontieren und auflaufen zu lassen, als demonstrativ zu schweigen. Wer je Zeuge eines solchen einseitigen Dialogs war, weiß, wovon ich spreche. Der eine der beiden Partner läuft heiß, wird immer lauter und heftiger, die Gesichtszüge entgleiten und die Würde bröckelt, während der andere mit kaltem »Pokerface« wie ein Fels in der Brandung scheinbar unbeteiligt vor sich hinstarrt.

Eigen sein heißt: sich äußern, sich zeigen. So wird man präsent, greifbar und angreifbar. Gedanken, Gefühle und Haltungen werden sinnlich wahrnehmbar, überprüfbar und kontrollierbar. Je älter man ist, desto wichtiger wird es, wie Hannah Arendt sagt, »ein Jemand zu sein«, einen Standpunkt zu beziehen, auch im Wissen, dass man zur Rechenschaft gezogen und haftbar gemacht werden kann. Es scheint sicherer, den Mund zu halten, sich herauszuhalten und den anderen die Führung zu überlassen. Aber macht es auch lebendig oder glücklich? Was bedeutet es für uns, dass jeder an seiner Stelle in der Welt steht, an der noch kein anderer stand? Jeder hat das zu finden, wofür er brennt, was ihn unmittelbar angeht, was für ihn wertvoll ist. Jemand sein bedeutet, zu wagen, der oder die zu sein, der oder die man sein soll. Was ist mein Leiden, meine Leidenschaft? Bin ich bereit, Einsamkeit zu ertragen? Meine Einzigartigkeit zu wagen? Das macht klug und schön, leidend und leidenschaftlich. Der Rest ist Schweigen.

## Das dünne Eis der Vergeblichkeit

Manchmal fühle ich mich wie eine alte, nasse Katze. Eigentlich bin ich Optimistin, aber das Leben widerlegt meine Geistesauffassung mitunter. Früher empfand ich die Zeit wie ein Auto, plötzlich spüre ich eher Rollschuhe unter den Füßen, das langsame Vergehen des Lebens, das landesübliche Grau, die Erosion, die Unausweichlichkeit der Zeit, die künftige Auflösung, die Ahnung von Vergänglichkeit. Gegen Wehmut gibt es kein Heilmittel, schreibt der englische Autor Julian Barnes. Da helfen auch keine wohlmeinenden »Kopf-hoch-Appelle«. Da diese Wehmut an unsere Ängste rührt, werden sich viele ohnehin genervt und abgestoßen abwenden.

Wehmut entsteht, wenn man Abschied von Orten nimmt, zu denen man wahrscheinlich nicht mehr zurückkehren wird, von Cafés und Restaurants, in die man nicht mehr einkehren wird oder von lieb gewordenen Aktivitäten, die man aufgibt, weil der Körper sich meldet. Oder wenn der Sinnpegel sinkt und man sich fragt, was das Ganze eigentlich soll. Wenn man nicht mehr weiß, weshalb man aufsteht und nur noch auf die Uhr starrt: Wann ist der Tag endlich um? Die Tänzerin Consuelo Garcia beschreibt es sinngemäß: »Plötzlich brach ich zusammen und konnte keinen Schritt mehr tanzen. Ich bekam einen Migräneanfall, der mich wochenlang ans Bett fesselte. Mühsam lernte ich, alltägliche Verrichtungen zu schätzen: spazieren gehen, essen, schreiben. Ich kapierte endlich den Unsinn, den ich mit dem Tanzen angestellt hatte. Anfänglich tanzte ich aus Begeisterung und irgendwann begann ich, dem Tanzen einen Zweck geben zu wollen. Ich wollte besser sein als die anderen. Am liebsten ganz groß herauskommen. Zwischen mir und dem Tanzen war der Ehrgeiz aufgetaucht und machte mich immer trauriger, enger, verzweifelter. Zum Glück musste ich lange genug das Bett hüten, um zu kapieren: ›Ich muss meine Einstellung ändern‹. Als ich wieder tanzte, bebte ich vor Glück, weil ich begriffen hatte, dass Tanzen so schön ist, dass es für sich allein genommen reicht. Was ich gewonnen habe? Lernen ist für mich der schönste Zustand auf Erden. Gesegnet sei der, der sein Leben lang nicht aus dem Stadium des Lernens hinauskommt, denn er lernt nie den Stress kennen, den sogar das Schönste auf der Welt bescheren kann.«

Abschiede schmerzen und schwemmen vergangene nach oben. Eine Rückkehr wird es wohl nicht geben. Auch die Natur hält kein Gegenmittel bereit. Wehmütig erinnert man sich an die Wildheit und die unbändige Energie früherer Jahre, aufgeputscht durch Brausepulver im Blut, die pfiffige Mütze über dem widerspenstigen Haarschopf und das freche Grinsen im Gesicht, den knappen Mini-Rock und die knallengen Cowboy-Stiefel. Die Partys im schummrigen Keller, das Singen im Chor, die klebrigen Süßigkeiten, die geflochtenen Blumenkränze, das Übernachten im Freien, das rasante Wechseln zwischen Rebellion und Kapitulation. Es war aufregend. Es war schön. Aber es passt nicht mehr.

Dieser Gedanke hilft, Dinge zu lassen, die ohnehin nichts mehr für einen sind. Statt ständig in den Spiegel zu starren und an sich herumzufummeln, entdeckt man plötzlich, dass einem andere Anblicke wichtiger werden als das eigene Gesicht. Das eigene Schreibzimmer in der Abenddämmerung, der Anblick eines Baumes, die eigenen Bücher, die einem das Gefühl geben, von guten Freunden umgeben zu sein, der handgeschriebene Brief, der mehr bedeutet als »vernetzt zu sein«. Heute bedarf es nicht mehr der Meisterschaft eines roten Bordeaux, um die Schönheit einer Hand, die das Glas nachfüllt, zu entdecken. Es braucht auch nicht mehr den weiten Weg in die Ferne, um ein Stelldichein mit sich selbst einzuhalten. Sogar im eigenen Zimmer lässt es sich lauschen auf das, was die Stille zu einem spricht.

Wir sprechen nicht gern über Vergeblichkeit, verlorene Träume, gescheiterte Hoffnungen, geplatzte Projekte; und uns gefällt erst recht nicht, was sie bedeuten. Der Traum von der eigenen Kneipe, der zum Albtraum wurde; der alljährliche Weihnachtsbesuch der Schwiegereltern, der obligatorisch mit leichten oder mittelschweren Depressionen endet; die chronische Angst vor Arbeits- oder Statusverlust; die Lebenskrise, die plötzlich alles fragwürdig erscheinen lässt; die kaputte Ehe, in der immer alles glatt zu laufen schien. In einer Zeit, in der nur der Erfolg zählt, ist immer dieses Hintergrundrauschen präsent: War oder bin ich nicht gut/schön/schlank/intelligent genug? Kann ich einlösen, was von mir erwartet wird? Nur für diejenigen, die sich nicht zu viel erhoffen, kann es auch im Alter nicht zu wenig werden. »Für mich gilt: Small is beautiful. Kleine Brötchen passen besser zu meinem Magen«, so eine Frau, die schon früh auf »safety first« gesetzt hatte. Und eine Geschäftsfrau, die ihren männlichen Kollegen einiges abgeschaut hatte, meinte ziemlich expressiv: »Mir reicht es, kein Arschloch zu sein.« Differenzierter sieht es eine ehemalige Bildhauerin: »Ich habe jahrzehntelang Steine auf Berge und Häuser gewälzt, wo sie nicht liegen bleiben wollten. Ein paar Steine sind zwar geblieben, aber letztlich habe ich immer im Bewusstsein letztendlicher Vergeblichkeit gearbeitet.« Älter werdend ist dieses Sisyphus-Klima schwer zu ertragen. Aber ist Sisyphus nicht letztendlich die Figur, die unser lebenslanges Streben und Bemühen symbolisiert? Schlimmer noch als diese Drohung der Vergeblichkeit ist die Angst, in der Achtung anderer zu sinken und die Selbstachtung zu verlieren.

Es ist an uns, dieser Vergeblichkeit ein Schnippchen zu schlagen, indem wir immer wieder Berührungen suchen und schaffen, die unsere Selbstachtung nähren, und sie in unseren Gedächtnisspeichern aufzubewahren, weil sie uns ergreifen und berühren. Nicht die gleichen wie früher, es sind andere Berührungen, andere Freuden, andere Taten, andere Erotik, andere Spannungen. Denn eines kann uns niemand nehmen oder geben: unser eigenes Recht auf Verwandlung.

Zur Verwandlung gehören sicher Themen wie »Therapie machen«, »Beim Arzt«, »Gottesdienst besuchen«, »Im Kosmetikstudio««, »Gelungene Partys veranstalten«, »Im Fitnessstudio«, »Gefahren des Narzissmus vor dem Spiegel«, aber ich ziehe es vor, Sie mit ein paar Einstellungen vertraut zu machen, mit denen Sie diese Dinge eigensinnig betrachten lernen.

Ich komme nochmals auf Eva zurück, die sich von einer sprechenden Schlange verführen ließ. Ihre Wahl, im Ungehorsam gegen Gott vom verbotenen Apfel zu essen, spricht für ihr Eigensein, für ihre Lust am Widerspruch. Möglicherweise auch für ihren Mut, Fehler zu machen und sich ihren eigenen Spielraum und ihre Freiheit zu erobern, sich für den Sündenfall zu entscheiden. Ihre Tat war subversiv, verlangte nach Strafe, nach Vertreibung aus dem Paradies. Gott muss sich wohl mit Eva gründlich verrechnet haben, dementsprechend schmollt er und spricht das Machtwort: »Ich bin, der ich bin!« (Ex. 3, 14). Der verbotene Apfel hat uns zwar das Paradies gekostet, aber dafür haben wir Kreativität eingehandelt: den Ungehorsam, den Eigensinn, die Erfindung, die Lust, die Tränen.

Nicht jede mag diese Widerborstigkeit Evas, so wie auch nicht jede Sex mag und manche sich lieber in Schale werfen und alle Knöpfe zuknöpfen, als irgendein Risiko einzugehen. Deswegen ist jedes forcierte »Ich will so bleiben, wie ich bin!« eine Aussage, die in mir jede Menge unterdrückte Ohrfeigenhormone freisetzt. Weitaus wichtiger als diese Binsenweisheit scheint mir, in Furchtlosigkeit seelischen Entwicklungen zuzustimmen und in Kauf zu nehmen, dass Wehmut, Trauer und Schmerz dazugehören. An und für sich sind sie nicht schlecht, sondern nur unsere Einstellung zu ihnen und unsere Versuche, sie zu ignorieren. Wären sie nicht, so könnten wir nicht heiter lachend weitergehen. Sie gehören einfach dazu. Nachdem wir uns durch die eigenen Tränen gereinigt haben, müssen wir nicht mehr so viel Ballast mit uns schleppen und sind leichter, offener, optimistischer für das Alter. Alte, neugierige Frauen, die durch Tränentäler gegangen sind, haben einfach mehr Vergnügen im Leben als selbstgenügsame, brave Omis. Die Entschlossenheit, seinen Anteil an Freiheit, Lernen, Glück und Eigenheit zu erkämpfen, dazu braucht es die anderen Frauen, die bereits ein Stück auf diesem Weg gegangen sind. Von ihnen können wir mehr lernen als von abstrakten Normen.

# Aller Unfug ist schwer

## Statt altersmilde immer frecher

Mit den Jungen übt man Nachsicht, wenn sie sich lächerlich machen, bei den älteren Frauen hört der Spaß auf. Wahrscheinlich liegt das an den überholten Vorstellungen, die sich die Jüngeren von den Älteren machen. Heute kann man auf so viele unterschiedliche Weisen alt werden, wie es Frauen gibt. Verständlich ist dieses hämische Grinsen der Jüngeren vielleicht bei denen, die sich weigern, alt zu werden, also bei silberhaarigen Frauen, die ihr pinkes Gen – pinke Schuhe, pinke Handtasche, pinkes Geschirr, pinke Jeans – immer noch ausleben, mit statusaufblasenden Unsinns-Vehikeln durch die Landschaft brettern oder mit Botox derart vollgepumpt sind, dass sie aussehen wie Leihgaben aus dem Museum für Körperwelten.

Deswegen empfehle ich: Nicht altersmilde werden, sondern immer frecher! Ich beginne mit einer kleinen Vorübung: Wie wäre es, einmal wieder querfeldein zu laufen und dabei auszukosten, wie die Natur so viel größer ist als Sie selbst? Wenn Sie dagegen am Laufband um Ihr Leben rennen, schrumpft dieser Akt zu einer Notiz im Terminkalender zusammen. Zum Glück hat Laufen etwas an sich, das unsere Lebendigkeit besonders stimuliert und sogar die Illusion verschafft, wir könnten den Tod abhängen. Natürlich können wir auch einfach nur sein, herumstehen, auf dem Sofa liegen, Cola trinken und Donuts mampfen. Nach der Philosophie Heideggers würde das alles unter »Sein« fallen. Wer aber für angeregtes Herzklopfen und Wangenröte ist, dem gelingt das am besten durch Laufen. Was ich am Laufen liebe, ist das Ursprüngliche: Wir werden wieder ein bisschen zum Tier. Wir halten uns selbst am Laufen, bewegen uns von der Stelle, treiben uns an und sind deswegen besser in der Lage, uns am eigenen Schopf aus dem Alterssumpf zu ziehen.

Lange vorbei sind die Zeiten, als wir auf dem Hof noch Räder, Überschläge oder den Hampelmann machten, ohne uns albern vorzukommen. Im Fitnessstudio suggeriert man uns: »Mach das bloß nicht zu Hause, das könnte üble Folgen haben!«, als wären wir keine vertrauenswürdigen, kundigen Wächterinnen unseres Körpers. Wir können uns zwar nicht zwischen die Schulterblätter schauen, aber ein gewisses Maß an lückenhaftem Einblick sei uns gestattet, denn sonst könnten wir uns nicht verwegen, unorthodox und einzigartig in die weite Welt wagen.

Warum in die Welt wagen? Weil wir uns immer wieder entfernen müssen von den Hamstern im Laufrad und den Ratten beim Wettrennen. Eine ideale Lösung scheint mir ein gepflegtes Doppelleben zu sein. Ein Leben, in dem wir leben, und eines, in das wir immer wieder entfliehen. Das kann ganz real sein – eine Hütte, eine Ferienwohnung, ein Zimmer. Allzu recht hatte Virginia Woolf, wenn sie schon 1929 Frauen nahelegte, »a room on one's own«, also einen »Raum nur für sich alleine« in Anspruch zu nehmen. Wer nicht vor die Haustüre will, kann auch in der Fantasie dem Murmeltier, das uns täglich grüßt, ausweichen. Man malt sich einfach aus, wie man alles hinschmeißt und im Tessin einen Garten anlegt, Schafe hütet, eigenen Käse herstellt, zur Winzerin wird oder einmal die Malediven umsegelt.

Wenn Ihnen dieses Doppelleben zu anstrengend erscheint, bleibt immer noch die Option, Ihr reales Leben so stimmig zu machen, dass beide Leben sich miteinander verflechten. Das hieße, selbst zu bestimmen, wie wir sein wollen, und die Kraft aufzubringen, das umzusetzen, was und wie wir zu sein wünschen. Das hat den Vorteil, dass wir uns von Idealen lösen und mehr im Augenblick leben. Wir würden frei werden, »Ich-Selbst« zu sein mit allen Ecken und Kanten, originell, vorzeigbar, mutig. Die Freiheit, sein zu dürfen, leben zu dürfen wie man will, ist für Frauen, die ihr Leben vom Ende her denken, eine große Erleichterung. »Gemütlichkeit war noch nie meine Kategorie und streiten wie die Kampfhunde ist auch nicht mein Ding, deswegen habe ich entschieden, dass mir ein Mann nicht mehr stationär ins Haus kommt – sondern nur noch ambulant«, so die pointierte Aussage einer 65-Jährigen. »Es ist ein großer Fortschritt für mich, dass ich kapiert habe: Ich muss nicht tot sein. Ich kann mir schon zu Lebzeiten erlauben, vorübergehend nicht erreichbar zu sein«, meint eine Frau, die ihren Brustkrebs überwunden hat. »Die große Liebe zu meinem Mann hat mich blind gemacht, jetzt kommt endlich meine Sehkraft wieder zurück«, so das Fazit einer Verheirateten nach fast 30 Ehejahren. »Ich habe zwar eine Rente erhalten für meine Plackerei, aber nie die Wonnen der Früchte, die ich jetzt ernte, seit ich mein eigenes Maß bestimme und mich niemand mehr reglementiert«, sagt eine Büroangestellte. »Es war süß, aber sinnlos – diese langen Fingernägel, die Kleider, die ich trug und er bezahlte, diese String-Tangas, die wie Zahnseide für den Po waren. Heute liebe ich die einfachen Dinge des Lebens, die mich in meiner

Kraft nicht bremsen. So, wie ich heute aussehe, würde ich nicht mal mehr in eine Disco reingelassen werden«, so die Erkenntnis einer, die nicht mehr Ornament sein will.

Soll man etwa seine alten Dummheiten wiederholen, nur um jung zu bleiben? Wieder himmelhochjauchzend verliebt stundenlang am Telefon hängen, rauschende Feste mit viel Alkohol feiern, extreme Fahrradtouren unternehmen, Nächte durchmachen, »digital native« werden? Wir hätten schlechte Karten, außerdem würden diese Dummheiten wohl ein schlechtes Licht auf uns werfen. Auch wenn die Schrullen, Macken und Marotten mit der Zeit fester Bestandteil unseres Charakters geworden sind, so gibt es ein paar Verhaltensweisen, die uns heute nicht mehr bekommen, wie Ehrgeiz, Strebertum, Gefühlskälte, Konformismus, Selbstsucht, Kaltschnäuzigkeit und Hartherzigkeit. Mögen sie mancher Karriere gedient haben, im Älterwerden stehen sie uns nicht mehr gut. Im Gegenteil, wer an ihnen klebt, wird bald allein auf der Bank vor der Haustüre sitzen.

Was sich ebenfalls verändert, ist der Gebrauch bestimmter Begriffe wie geil, endgeil, abgefahren, krass, ätzend, cool, schrill. Lieber nicht in den Mund nehmen, auf die Jungen würden diese Worte nur »peinlich« oder gar »oberpeinlich« wirken.

Wir neigen dazu, gerade über Dinge, die uns nervös machen oder irritieren, Witze zu reißen. Deswegen lohnt es sich, einmal zu beobachten: Worüber witzle ich am meisten? Über Andere? Alte? Ärzte? Dummköpfe? Sex? Alkohol? Verheiratete? Männer? Unförmigkeit? Hüftspeck? Sie verraten mehr über uns, als uns vielleicht lieb ist. Man könnte nämlich Rückschlüsse auf unsere Schwächen oder unseren Charakter ziehen. Deswegen: lieber selbst witzig sein. Das braucht kein gutes Gedächtnis, hat keine Abnutzungseffekte und erhöht die Chance, noch beliebter zu werden.

Wenn Sie jetzt sagen: »Das lohnt sich nicht mehr«, dann wird es auch zur sich selbst erfüllenden Prophezeiung, denn dieser Satz ist keine harmlose Spaßübung. Wer Machiavelli gelesen hat, weiß, dass die vornehmlichste Aufgabe jeder eigensinnigen Frau darin besteht, den eigenen Status zu verteidigen und die Stellung zu halten. Also nicht aussteigen und den anderen hinterherschauen! So bleibt man nämlich sich selbst überlassen, während die anderen grinsend auf den Sprossen weiterklettern. Also warum sich nicht einmal wieder in Samt und Seide herausputzen und auf eine Party gehen, im Wissen, dass Eheanbahnung nicht in Frage kommt, dass aber Erotik in der Luft liegt, auch wenn man sie nicht weiter vertieft? Die Latte, die wir ansetzen, sollten wir immer noch gut überspringen können. Also nie anfangen, aufzuhören und nie aufhören, anzufangen.

## Frei navigieren

Eine lockige Grauhaarige mit vielen Lachfalten um den Mund kommt in den Raum, in einem weiten, fetzigen Oberteil und einer Jeans, die sie wohl schon seit langem trägt; sie sieht ein bisschen zerzaust aus. Sie betritt den Raum völlig natürlich, anmutig und aufrecht. Setzt sich, ohne den Bauch einzuziehen, die Beine übereinanderzuschlagen, die Arme abzustützen oder den Kopf leicht schräg zu halten, wie das so viele tun, um auszuhalten, dass sie gesehen werden. »Wie schafft die das?«, diese Frage schwingt unhörbar im Raum.

Sie ist wohl nicht durch die strenge Schule der Zeigefingerheber gegangen, wurde nicht eingearbeitet in die üblichen Anpassungscodes, die die Angst vor dem Vergleich in uns schürten. Wie wurden wir denn ermutigt, dass viele bis heute noch die Pobacken vor Feigheit zusammenkneifen? Was ist das für ein Glück, das durch Bravheit und nicht durch Wildheit, Stolpern, Stürzen, Fehlgriffe oder Aufstehen errungen wurde?

Sie erzählt: »Es war meine Großmutter, die leider längst verstorben ist. In ihrer Nähe fühlte ich mich frei, ich selbst zu sein. Nie vergesse ich die Nachmittage, wenn wir Kakao tranken und Marmeladenbrote aßen, wie sie nach frischer Seife roch, im Garten umherging und wunderschöne Kränze aus frischen Kräutern flocht. Ich musste nie irgendwelche Dressurakte aufführen, artig sein oder mich adrett ankleiden. Sie besaß die Fähigkeit, jeden, der reinschneite, fühlen zu lassen, dass er willkommen sei und auch gebraucht würde. Es gab immer etwas zu tun, jeder war irgendwie gefragt mitzumachen, seine Meinung zu äußern oder Ideen einzubringen. Wir fühlten uns immer ganz wichtig. Was haben wir nicht alles gespielt, stundenlang, bis unsere Köpfe geglüht haben. Sie war mein Segen. Ihr verdanke ich, dass ich ein Stück Kindheit in mein erwachsenes Dasein hinüberretten konnte.« Als sie so begeistert erzählte, konnte man förmlich die Großmutter im Raum fühlen. Nun verstanden wir, was ihr Geheimnis war. Ihre Kindheit war bis heute nicht endgültig abgeschlossen. Sie flackerte immer noch in ihr. Heute fällt es ihr leicht, Verbindung zu anderen aufzunehmen und sich in die Welt zu wagen, weil sie die sicheren Ufer ihrer Kinderzeit immer noch in sich als Halt fühlt. Wenn sie heute durch ihren eigenen Garten spaziert, wird ihr immer wieder bewusst, wie vorbildhaft ihre Großmutter für sie war und ist. Sie lebte ihr vor, unabhängig zu sein und selbst nachzudenken, statt einfach Definitionen zu übernehmen. Aber vor allem: Sie machte ihr Appetit, die Mühen des Lesens, des Erfahrens, des Erkundens und des Reisens selbst auf sich zu nehmen, statt sich alles aus dem Internet kommen zu lassen. »Es ist großartig, älter zu werden«, sagte sie zum Schluss, »Du kannst sein, was immer du sein willst.«

»Was werden aber die Leute denken?«, werden manche fragen. Dieses Mantra erspart zwar manchen Ärger, aber es lässt uns vorzeitig schrumpfen. Viele haben es so häufig vor sich her gesagt, dass sie nicht einmal mehr merken, dass es zu ihrer Hauptsorge geworden ist. Ist es die Angst vor der eigenen Größe? Oder der Traum von einem ordentlichen, aufgeräumten Leben? Was ist der Vorteil dabei, »in zu kleinen Schuhen zu laufen«, wie C. G. Jung es so treffend formulierte?

Die unausgesprochene Botschaft hört sich für mich oft so an: »Schaut ihr doch zu, wie ihr mit meinem Kleinmut fertig werdet! Ihr alle habt genug, nur an mir wurde gespart.« Als wären die anderen schuld, dass jemand sich versteckt, vernebelt und möglichst wenig von sich zeigt. Niemand ist dazu verdammt, in zu kleinen Schuhen zu laufen. Wir können selbst etwas machen aus dem, was mit uns gemacht wurde: Wir können uns selbst zur eigenen Größe aufrichten. Uns bis unter die Haut mit dem, was wir sind, ausfüllen. Unsere Definitionen von uns selbst und den anderen weiten, statt zu lamentieren: »Das kann ich nicht!«, »Das schaffe ich nicht!« Das ist nämlich keine gute Nachricht.

Ein erster Schritt wäre, sich zu hinterfragen: Wann, wie und zu wem spreche ich, ohne mich zu zeigen? Wo nehme ich von anderen, ohne selbst etwas preiszugeben? Sie können eine Menge lernen, wenn Sie zwischendurch mal auf die

Menschen hören, die Sie nicht mögen. Das ist zwar kein Vergnügen und eher unbequem, aber äußerst wertvoll. So ehrlich und pedantisch wie unsere Lieblingskritiker ist wohl kaum eine, die uns nahesteht. Man kann es mit einem Lächeln quittieren, auch gegenüber sich selbst: Das bin ich eben auch. Erfrischend kommentierte dies eine bekannte und beliebte Geschäftsfrau. Auf die Frage, ob sie überhaupt Feinde hätte, meinte sie: »Ja, und ob, überall lauern sie, vor allem sind es die Frauen.« Sie hält inne: »Lauter Duzfeindinnen.«

Warum tue ich, was alle tun? Was ist so schlimm daran, dem zu folgen, was für mich stimmig wäre? Wie würde mein Leben aussehen, wenn ich in puncto Sprache, Kleidung, Essen, Interessen, Überzeugungen frei navigieren würde? Statt mich mit Anpassungsritualen abzuquälen, das zu tun, woran mein Herz wirklich hängt? Die Zeit ist reif für dieses Vorhaben. Überraschen Sie sich selbst.

## Mut zur Neugier

Das Lob der Disziplin, die Hymne auf die ständige Leistungsbereitschaft hat mittlerweile auch die Älteren erfasst. Auch sie stöhnen: »Das Leben ist kein Ponyhof.« Heute älter zu werden bedeutet nicht automatisch, dass andere Menschen einen dafür achten und respektieren. »Die Schwachen kommen ins Altersheim und die Starken ins Fitnessstudio«, so die sarkastische Äußerung einer älteren Dame. Wer alt ist und eine gute Figur abgeben will, muss an den Segen des Leistungswillens, der richtigen Ernährung, des Sports und der seelischen Ausgeglichenheit glauben. Die Fragen, welche Ansprüche wir an uns selbst stellen und welche an uns gestellt werden, sind kaum mehr voneinander zu trennen. Deswegen lohnt es sich zu fragen: Muss ich wirklich? Ist es wirklich so? Oder falle ich auf Behauptungen herein, nur weil sie ständig wiederholt werden?

Viele melden sich bei Kursen oder Fortbildungen an. Manche gehen tatsächlich, manche gehen nur einmal; und das nächste Mal ist es zu anstrengend, zu früh dunkel, zu regnerisch, oder die Schuhe sind schon ausgezogen. Wie würde die Welt enden, wenn wir nicht mehr gehorsam meditieren, Yoga üben, Blumen binden, cholesterinfreie Ernährungskurse absolvieren, kreativ schreiben lernen, Zumbakurse besuchen oder Kurse im Glücklichsein belegen? Warum sollte man anderen zuschauen, zuhören oder sich ständig verbessern, um irgendwie anders oder noch fitter zu werden? Natürlich gibt es die Begnadeten, denen man gern zuschaut, wenn sie mit Leinwand und Pinsel hantieren, aber bei den weniger Privilegierten sieht es oft eher nach Vandalismus als nach Seelenausdruck aus.

Ich bin weit entfernt davon, das Nichtstun zu propagieren, denn Tun ist immer besser als Nichtstun. Allerdings meine ich damit nicht das oft zwanghafte Putzen der Wohnung am Wochenende, das manche für vertretbare Muße halten. Putzfimmel und Fitnesswahn haben eines gemeinsam: Sie beide haben die Tendenz, wie Efeu zu wuchern. Wenn es keinen Staub mehr zu jagen und kein Fett mehr abzubauen gibt, spürt man nämlich, dass beiden Tätigkeiten das Wichtigste fehlt: Gemeinschaft, Resonanz, Anregung, Ermutigung, Inspiration, Lachen, Stimmen, Gesichter, Spielfreude, Lust.

Ich finde nicht banal, was Seneca empfiehlt: »Seid fröhlich, solange es das Schicksal erlaubt.« Statt irgendwelchen Anforderungsprofilen zu genügen, die für die topfitten, stählernen Alten entworfen wurden, plädiere ich für den Mut zur Neugier. Den Mut, die zu sein, die wir als unverwechselbare, eigene Frauen sind. Der Philosoph Odo Marquard denkt pessimistisch, da er davon ausgeht, dass die Wissbegierde im Alter erlahmt. »Es kommt zu intellektuellem Appetitmangel«, meint er. Er mag recht haben, was den intellektuellen Appetit betrifft. Der sinnliche, schöpferische Appetit aber hat seine eigene Logik. Dieser Hunger hört nicht auf, wenn er vom Konformismus befreit ist. Das heißt, wenn wir Skepsis entwickeln gegenüber verordneten Konzepten. Wenn wir unsere Privatsphäre verteidigen und sie heilig halten. Wenn wir, wenn es sein muss, eine Portion Wurstigkeit an den Tag legen, statt uns selbst Gewalt anzutun. Derart befreit kann sich noch eine Menge Lebensappetit entwickeln. Statt Ernährungsvorschriften, Altersprävention, Genussverboten, Atemtherapie, Achtsamkeitstraining und richtiger Gymnastik: Mal wieder ordentlich feiern, die Teppiche aufrollen und wieder barfuß tanzen, das Klavier abstauben und mal wieder zusammen singen, auch wenn die Stimme mit den Jahren etwas tiefer, rauher, kurzatmiger geworden ist. Es gibt genügend aufregende Dinge, die in Vergessenheit geraten sind. Statt sie den Professionellen zu überlassen, können wir unsere eigenen Hände und Stimmen erheben. Früher galt es als selbstverständlich, sich auszutauschen, Fragen an Experten zu stellen, zusammenzusitzen, Theaterstücke aufzuführen, sich selbst einen Reim auf Dinge zu machen. Nun liegt es an uns, unsere außerlehrplanmäßigen Interessen wieder ernst zu nehmen und dafür zu sorgen, dass sie Seriosität und Achtung gewinnen. Unsere Lebenszeit verdient mehr als Enkelkinder abholen, Fotos von den Enkelkindern an sämtliche Freunde verschicken, Computerspiele spielen, Gesichtspflege und Gymnastik betreiben. Wenn wir Kräuter lieben, dann können wir Botanik studieren. Wenn wir Essenzen und Duftstoffe lieben, dann können wir sie auch selbst herstellen. Wenn wir Jazz lieben, dann können wir Jazzunterricht nehmen. Wenn uns Astronomie interessiert, können wir uns für ein Seminar anmelden. So lange wir für etwas brennen und das lieben, was wir tun, ist es genau das, was unsere Seele erfrischt und fröhlich macht. Wenn wir es ernsthaft und lange genug praktizieren, haben wir etwas gefunden, was wirklich unser Eigenes ist, wo die Dichotomie zwischen Arbeit und Spiel sich verwischt, wo wir auf einem Feld angelangt sind, das den Namen »Segen« trägt. Und wenn dann noch eine Portion Selbstbewusstsein hinzukommt, dann erleben wir vielleicht das, was Hans Magnus Enzensberger in einem Interview der Süddeutschen Zeitung (10.11.2009) meinte: »Der Eigensinn nimmt zu. Es ist einem einfach immer mehr Wurst, was andere sagen. Eine merkwürdige, nicht ganz ungefährliche Immunität.« Ihm hilft seine Regenhaut, die er sich angewöhnt hat, so dass er sagen kann: »Das tropft ab.«

## Loslassen macht heiter

Ihre monatlichen Briefe sind wie ein bezauberndes Wetterleuchten aus einer immer mehr schwindenden Welt, in der noch Dankbarkeit, Fantasie und Gelassenheit den Ton angeben: »Du genießt das Leben mehr, wenn du älter wirst. Jung sein ist ein Kampf. Wenn du älter bist, hast du etwas erreicht. Du brauchst nicht mehr viel, wenn du nur Wärme, Musik und Bücher hast. Junge Leute denken: ›Ich muss dies oder jenes haben, ich muss, ich muss.‹ Nein, das alles brauchst du nicht. Wenn ich den Baum vor meinem Fenster sehe, bin ich einfach glücklich. Wenn die Vögel am Morgen singen, bin ich glücklich. Wenn ich Musik höre, dann könnte ich jubeln. Die Welt kann so schön sein, wenn du weißt, wo du hinschauen musst. Ich schaue dorthin, wo es schön ist. Wenn mich jemand besucht, möchte ich das Gute in dieser Person sehen. Jeder hat doch letztlich irgendetwas Gutes in sich.« Sie ist einverstanden mit ihrem Leben. Diese Haltung fällt nicht vom Himmel, sie überfällt einen auch nicht plötzlich. Man muss sie üben. Mir fällt ihre Großherzigkeit auf, die sie gegenüber sich selbst und den anderen zeigt, und ihr Vermögen, Spielräume wahrzunehmen, wo andere keine sehen. Sie hat einen weiten Blick. Wenn etwas Schlimmes geschieht, dann versucht sie, nach etwas Gutem Ausschau zu halten. Sie findet immer irgendetwas. Ihr Leitsatz stammt von Vaclav Havel: »Hoffnung ist nicht die Überzeugung, dass etwas gut ausgeht, sondern die Gewissheit, dass etwas Sinn hat, egal wie es ausgeht.« Ihre Haltung ist eine, die annimmt, was ist, und dem Kommenden nicht ausweicht. Nicht als demütige Anpasserin, sondern als eine, die Sicherheit entwickelt, zu entscheiden, was sie nicht mehr will, die sich gelöst hat vom Kampf um Standpunkte, vom Rechthabenwollen, vom krampfhaften Festhalten an Vorurteilen und Meinungen.

Manchmal beginnt dieses Loslassen erzwungenermaßen. Wenn alles schief geht, wenn Geräte oder Geschirr zerdeppern, wenn man ständig stolpert oder hinfällt, wenn einem Pech oder Unglück wiederholt zustößt. Dann ist erst einmal eine Denkpause angesagt. Die Engländer sagen: »You need a break«. Break heißt Pause und Bruch zugleich. In der Tat bringt solch eine Denkpause wichtige Erkenntnisse: Erstens dreht sich die Welt weiter wie bisher, auch wenn man nicht mitdreht. Zweitens relativiert sich die eigene

Wichtigkeit, weil man realisiert, dass man nicht unersetzlich ist, und drittens weiten sich der Blick, die Vorstellungskraft und die Fantasie, weil man innehält. Man fühlt sich vielleicht zunächst wie eine Schildkröte, der man den Panzer geklaut hat. Starrt aus dem Fenster, bis der Sinnpegel wieder ansteigt und eine neue Gelassenheit und sogar Heiterkeit sich einstellen. Erst im Loslassen realisieren wir, wie köstlich es sein kann, nichts zu wollen, nichts zu müssen, nichts zu erledigen, nicht zu rennen, nicht zu telefonieren, nirgendwo hinzufahren – und wie sehr wir es mitunter brauchen. Einfach »schildkröteln«, so nennt es der österreichische Kabarettist Gerhard Polt. Oder das Glück der Verweigerung auskosten mit einer neuen Gewohnheit: einem ausgiebigen Mittagsschlaf.

Loslassen heißt nicht nur Schubladen aufräumen, in den Müll werfen, wegschmeißen, entsorgen, verschenken. Loslassen heißt auch sich trennen von Dingen, die Energie fressen, überflüssig oder hässlich sind, weil sie uns besitzen. Sie wollen gepflegt, geputzt und repariert werden und brauchen unsere Anwesenheit. Wehe, wir kümmern uns nicht, dann beginnen sie, Kummer zu machen. Sie loszulassen ist eine relativ einfache Übung.

Anspruchsvoller wird es, wenn wir uns der Frage stellen: Was ist mir wichtig? Was ist die Hauptsache in meinem Leben? Was bedeutet es, mir selbst treu zu sein? Es geht um die Frage: Wie kann ich eine Frau sein, die selbstbestimmt lebt, ohne Abhängigkeiten, die ihr das Leben stehlen? Sich darüber Klarheit zu verschaffen gelingt, indem man das, was man in sich findet oder bei sich wahrnimmt, ausdrückt: Schreibend, sprechend, malend, sich bewegend. Hat man diese Puzzleteile zur Verfügung, ist man zwar nicht immun gegen Verführungen und Irrwege, aber man kann verschiedene Haltungen zu ihnen einnehmen. Man ist zwar nicht gefeit gegen unerfreuliche Regungen wie Neid, Kleinmut und Sünde, aber man wird nachsichtiger. Souveräner? Das wäre wünschenswert. Selbstbewusster? Das wäre zu hoffen. Kreativer? Ganz bestimmt. Entspannter? Eine Haltung, der ich viel abgewinnen kann. Also – nicht strampeln, nicht quasseln, nicht wichtigtun, nicht raffen, sondern sich wie Diogenes ein gemütliches, symbolisches Fass besorgen und sämtlichen Störenfrieden zurufen: »Geht mir aus der Sonne!«

Es gibt Frauen, die nicht loslassen können und wie ein Phoenix aus der Asche steigen wollen. Ihnen genügt ihre genügsame Zufriedenheit, weil es ihnen Angst macht, in Bewegung und ins Schwitzen zu geraten. Sie reden sich ein, dass das an den vielen Verlusten und ihrer Empfindsamkeit liege und nicht etwa an ihrer Angst vor dem Leben. Deswegen geben sie dem Festhalten den Vorzug. Dem Sog der Schwerkraft wollen sie nichts entgegensetzen, weil sie jetzt schon den Frieden haben wollen, den man erst erlangt, wenn man unter der Erde liegt.

Elastizität wäre ein Merkmal von Frauen, die selbstbestimmt leben wollen, weil wir, je älter wir werden, auf die Eigensinnigkeit unseres Körpers, der sich plötzlich verselbstständigt, gefasst sein müssen. Es ist in der Tat eine Zumutung: Kaum haben wir im Kopf alles beieinander, fällt unser Körper auseinander. Wir sind fragile Wesen, deswegen sollten wir es der Schwerkraft nicht zu leicht machen, denn dann könnte man stürzen oder fallen. Andererseits aber auch nicht zu schwer, denn sonst verliert man seine unentbehrliche Heiterkeit. Altes loszulassen und dem Neuen, Unbekannten, Ungewohnten Raum zu geben braucht beides.

# List ist weiblich

Sind Sie jetzt gereizt? Wahrscheinlich nicht. Sie lesen ja gerade und sind froh, endlich auf der Couch zu liegen und Ihren eigenen Gedanken nachzuhängen. Aber sollten Sie nicht lieber was Nützliches tun, zum Beispiel den Kühlschrank auswaschen, das Silberbesteck polieren oder endlich die Bücher abstauben? Finden Sie wirklich, dass Sie so faul sein dürfen?

Wie geht es Ihnen jetzt? Darf ich weitergehen?

Schämen Sie sich eigentlich nicht, den Tag so zu verschleudern? Alle anderen schuften, und Sie? Statt was Vernünftiges zu tun, stehlen Sie dem Herrgott den Tag.

Immer noch nicht sauer? Dann sollten Sie einfach weiterlesen und sich vorstellen, jemand würde zu Ihnen sagen: »Du bist zwar schön, aber schade, dass du sprichst!« oder »Was du da redest, ist dumm wie Toastbrot! Sei nicht böse, ich wollte dir nur mal ein ehrliches Feedback geben!« »Wie du schreibst, da kann sich die Rosamunde Pilcher noch eine Scheibe abschneiden, ha, ha, ha!« »Übrigens, wann hattest du zum letzten Mal ein zweistelliges Gewicht? War es bei der Einschulung oder schon im Kindergarten?« Das sind Sätze von Frauen, die ich in den letzten Jahren aufgeschnappt habe. Die Beteiligten hatten sich wohl vorgenommen, endlich offen zu sagen, was sie denken. Wollen Sie so jemandem begegnen?

Wenn man einmal in die Mühlen eines solchen Szenarios geraten ist, schwindet ganz offenkundig die Fähigkeit zur Distanz – auch zu sich selbst. Man steht ratlos fröstelnd daneben, nicht wissend, ob man die Sache eher komisch, lächerlich, dumm oder beängstigend finden soll. In der Psychotherapie gibt es eine Richtung, die ihre Anhänger dazu ermuntert: »Lass es raus!« Aggressionen herauszulassen soll die Konflikte nach oben schwemmen, befreien und so der Bearbeitung zugänglich machen. Rauslassen soll auf jeden Fall gesünder sein als herunterschlucken. Expressiv ausleben, auch wenn es wehtut, sei besser als verdrängen. Im geschützten Rahmen einer Praxis ist das etwas anderes als in der freien Wildbahn. Beim Therapeuten geht es nicht um Zuschlagen und Wegrennen, Siegen oder Verlieren, sondern um das Verstehen und Deuten.

Was sich im Alltag als Aussprache gibt, erweist sich aber oft als harte Bandage, die zu Rissen, Verletzungen und Brüchen führen kann. Vor allem, wenn das Gegenüber auch noch rhetorisch versierter ist als man selbst. Soll man dann Ruhe bewahren, die andere Backe hinhalten, schön neutral bleiben, altersweise lächeln? Prinzipien nützen wenig, wenn die Wellen hochschlagen. Dann doch lieber zu dem Mittel greifen, das nicht nur den Frauen zugeschrieben wird, sondern auch grammatikalisch weiblich ist: die List. Selbst im Volksmund heißt es: »Weiberlist geht über alle List.«

Eigensinnige Frauen kämpfen mit List, nicht mit Pistolen, Schrotflinten oder Skalpellen. Wir heulen auch nicht mehr auf Kommando und durchschauen mittlerweile uns selbst. Deswegen verzichten wir allerdings auf hinterlistige Tricks, die in die falsche Richtung gehen. Zum Beispiel die List, die immer irgendwie misslingt: andere zu Zeugen von Streitigkeiten zu machen. So hoffen wir, unserer eigenen Wahrheit größere Akzeptanz zu verschaffen. Zumindest wünschen wir oft insgeheim: »Ach, könnte das doch jemand mit anhören! Der oder die würden mir sicher Recht geben!« Früher war es der große Bruder oder Cousin, die wir als Verstärkung zu Hilfe holten: »Hau du ihr eine!« Heute sehnen wir uns nach Rückenstärkung, Publikum oder Applaus für unsere Beschuldigungen oder Ansprüche, um endlich die ersehnte Genugtuung zu bekommen: »Siehste, die denken genauso wie ich!« Oder die Edelversion: »Nicht nur ich, auch deine Mutter/Vater/Freunde sagen genau das Gleiche wie ich!« »Alle finden, dass du arrogant/ überheblich/eingebildet bist!« In die gleiche Richtung geht die Entschuldigung: »Ich war es nicht!« So kann man vielleicht mildernde Umstände geltend machen, weil man es nicht so gemeint hat oder weil man mal wieder missverstanden wurde. Oder man versteckt sich hinter Rätselhaftigkeit: »Ich habe einfach so das Gefühl, du nutzt mich irgendwie aus.« »Irgendwie spüre ich, dass es dir nur ums Rechthaben geht.« »Es fühlt sich nicht so an, als ob du wirklich meinst, was du sagst.« »Ich meine das jetzt überhaupt nicht wertend, aber mich nervt unsere Beziehung zur Zeit.« »Ich habe zwar nichts gegen dich als Mensch, aber ich finde, wir sollten uns trennen.« Wenn man erst einmal so loslegt, dann muss das Gegenüber sich schon sehr ins Zeug legen, um zu kontern, weil diese Floskeln so vage und nebulös sind, dass man sich kaum verteidigen kann.

Erfahrungen haben uns über die Jahrzehnte reich gemacht, deswegen verkneifen wir uns mit fortgeschrittener Reife solch kurzbeinige Hinterlisten. Uns liegen eher kleine Listen oder Kunstgriffe, mit denen man sich elegant und charmant aus der Affäre ziehen kann. Prinzipien scheinen verdächtig, weil sie die Lippen schmal und streng machen, die Finger verkrampfen und den Kopf eng und steif machen. Wir glauben eher an die Kleinkunst des Machbaren. Eines haben wir längst begriffen: Wenn unsere Streithennen erst lachen können, dann sind sie aufnahmefähig und kooperativ und der Rosenkrieg ist erst einmal gewonnen.

Wir sind nicht mehr die Gleichen wie vor 30 Jahren, aber

unser Herz ist an der gleichen Stelle und unser Zusammenleben ist nun eher Herzenssache. Daher verzichten wir auf schlechte Seelennahrung – Verletzung, Missachtung, Herabwürdigung – und üben uns in Gelassenheit, die man durchaus vortäuschen kann, auch wenn man nicht mit einem natürlichen Phlegma gesegnet ist. Falls tatsächlich ein Machtwort angesagt ist, sollte man es lieber nicht einsetzen, solange der Puls noch rast. John F. Kennedy prägte die Formel für diese Haltung: »Grace under pressure«, das heißt: an sich halten und Form bewahren, solange man noch nervös herumflattert. Wer einen Angriff »aussitzen« kann und erst dann reagiert, wenn die Lage günstiger ist, vertraut auf die Zeit, auf die List der Vernunft oder den rettenden Einfall. Oder man vermeidet jede Diskussion, weil man seine Energie nicht an Unnützes oder Aussichtsloses vergeuden will. Und falls man dann immer noch etwas sagen will, dann sehr unmissverständlich und bewusst langsam. Besonnene Politiker verfügen über diese erstrebenswerte Gabe: Wenn es heiß wird, bewusst ruhig und kühl – ja fast unerträglich langsam sprechen. »Gelassenheit in Abwesenheit des Erfolgs« nannte der Autor Martin Hecht diese Fähigkeit. Selbst Jesus wird diese rhetorische Gabe nachgesagt, wie mir ein Pfarrer bestätigte.

Ein bisschen Verwirrung stiften, überraschen und irritieren statt logische Argumente vorzubringen, das liegt eigensinnigen Frauen. So wird der andere erst einmal aus dem Gleichgewicht gebracht und hat über etwas nachzudenken. Das fordert die eigene Intelligenz und den Eigensinn genauso wie die Intelligenz des Gegenübers. Er oder sie wird erst mal länger grübeln und schweigen, zumal, wenn deroder diejenige ohnehin nicht flexibel ist und alles auf sich bezieht. Versuchen Sie es einmal mit: »Die Axt im Hause erspart den Zimmermann.« Erklären Sie nichts weiter und schauen Sie Ihrem Gegenüber tiefgründig in die Augen. Denkpausen sind immer gut. Vor allem im Sitzen, denn da sind die meisten Menschen weniger aggressiv als im Stehen. Dieses einfache dramaturgische Rezept lohnt sich. In China nennt man diese List: »Den Tiger vom Berg in die Ebene locken«.

Vertrauen kann man zwar nicht einfordern, aber man kann Spielregeln des Gelingens einhalten, die das vorgeben, was (noch) nicht ist. Die Chinesen nennen diese List: »Das Brennholz unter dem Kessel wegziehen.« Kaum etwas verblüfft einen Aggressiven mehr, als wenn man aus dem gewohnten Spiel »Wie du mir, so ich dir« aussteigt. Höflichkeit lässt den anderen in einem liebevolleren Licht erscheinen und die Chance besteht, dass der andere tatsächlich liebenswerter wird; etwa so: »Ich sage dir, dass du heute gut aussiehst. Vielleicht wirst du dadurch etwas entspannter, und ich entdecke neue Züge an dir, die mich dir näher bringen.« Höflichkeit steckt an. Wir wachsen in das hinein, was andere uns zutrauen.

Wenn alles nichts hilft, kann man sich immer noch ein selektives Dummsein gegenüber Unterstellungen oder Verdächtigungen gestatten – vielleicht die wichtigste weibliche List. Bei Defekten an technischen Geräten funktioniert sie in der Regel, weil Männer sich als Retter einfach toll fühlen. Dummerweise funktioniert sie aber fast nie, wenn die Küchenfenster blind vor Schmutz sind oder die Toilette »Putz mich!« schreit.

Gepflegtes Dummstellen könnte sich so anhören: »Tut mir leid, ich verstehe mal wieder überhaupt nicht, was du mir sagen möchtest.« Auch wenn es schwer fällt und gegen das eigene Selbstbild verstößt, so ist es das beste Selbstbewusstseinstraining, wenn man sich leisten kann, für eine begrenzte Zeit auf sein Wissen und seine Intelligenz zu verzichten. »Außer Kreuzworträtseln kriege ich mal wieder überhaupt nichts auf die Reihe« oder: »Ich kapier' heute mal wieder nur Bahnhof.« Auch gezielte Missverständnisse sorgen dafür, dass die Verwirrung dort entsteht, wo sie hingehört – beim Gegenüber.

Bei dem typischen Angriff: »Gib zu, dass du schlecht über mich redest!« könnte man entgegnen: »Ich? Gut über dich reden? Das habe ich doch immer vermieden.« Oder auf die Beschuldigung: »Gib zu, dass du mir ausweichst!« könnte man antworten: »Wie kommst du darauf? Ich mache mich immer sofort aus dem Staub.« Oder: »Du reagierst immer gleich so emotional.« Reaktion: »Ich ... reagiere rational? Ist dir entgangen, dass ich mich bemühe, meine Gefühle auszudrücken?« Das ist keineswegs hinterhältig, sondern pure Selbstverteidigung gegen Zumutungen, denen man sich manchmal nur entziehen kann, wenn man schonend mit den eigenen Ressourcen umgeht. Verschwende deine Energie nicht! Das ist das Leitmotiv der Eigensinnigen.

Freche Gelassenheit ist eine sympathische Haltung, die die Form und die eigene Größe bewahrt, wenn die Spannung steigt und man am liebsten platzen würde. Die Kunst, mit frecher Gelassenheit über Hinterhältiges hinwegzusehen, sich über gewisse Schrullen zu amüsieren, über Kleingeistigkeit zu grinsen, sich ins Fäustchen zu lachen, schlitzohrig wegzugucken oder dezent zu ignorieren erspart jede Menge Energie und Ärger. Wir haben ein Recht auf Selbstschutz, deswegen sollten wir uns Paul Valérys zutreffende Bemerkung ins Tagebuch schreiben: »Alles, was du sagst, spricht von dir. Besonders, wenn du über andere sprichst.«

Gewitzte Frauen beherrschen die Kunst, sich Kritik zu verkneifen und sich trotzdem zu amüsieren. Wozu andere nacherziehen? Das ist anstrengend, erfolglos und macht schlecht gelaunt und einsam. Oder wollen Sie etwa später allein auf der Parkbank sitzen?

# Früchte ernten

## Der Reiz der Nonchalance

Welches sind denn nun die Früchte, die wir in unseren Körben im Lauf der Jahre eingesammelt haben? Im Gespräch mit anderen Frauen, deren Lachen ich noch im Ohr habe, wird mir bewusst, wie reichhaltig die Früchte sind, die das Älterwerden für uns bereit hält. Aus den Gesprächen darüber habe ich einige Früchte ausgesucht, die mir besonders prägnant erscheinen. Das wachsende Selbstbewusstsein der Frauen wirkt sich auf allen Ebenen aus und fördert das Entdecken der eigenen Kraft, das Ausleben eigener Entscheidungen, das Eintreten für eigene Überzeugungen und füllt schließlich den Begriff der Freiheit mit neuem Leben. Er hat eigenen Geschmack angenommen, da Frauen sich nicht mehr vorschreiben lassen, wie sie zu leben haben. Älter werden an sich macht nicht glücklich. Erlaubt man sich aber, frei zu werden in Kopf und Seele, die Zeit selbst zu gestalten, statt sie gestalten zu lassen, sein Potential an großzügigem und souveränem Verhalten zu verschenken, dann ist die Erntezeit angebrochen.

Die Königinnendisziplin dieser Zeit sei das Augenzwinkern, sagt eine, die die Kunst des Spielerischen für sich neu entdeckte. »Ich setze meine Lust zu lachen ein, sonst wäre ich ja eine Heilige«, kichert sie. »Ich habe das Summen wiederentdeckt«, erzählt eine andere, »schon als Mädchen wiegte meine Mutter mich damit in den Schlaf«, »Mehr Muße als Muss ist meine Lebensregel«, »Endlich das tun, was ich früher immer aufgeschoben habe«, »Endlich kann ich es mir leisten, mich auf einen jüngeren Mann einzulassen«, »Ich habe die drei großen K's aus meiner Agenda gestrichen: Küche, Kirche, Kerle«, »Heute mag ich mich etwas mehr als früher«, »Seit mein Prinz mich verlassen hat, muss ich endlich keine Prinzessin mehr sein«, »Weder Kochrezepte noch andere Rezepte, nur noch mein eigenes Rezept: selbst denken«, »Lieber lebenslustig als brav«, »In Argentinien habe ich meine eigene Stimme wiedergefunden. Ich dachte, die streiten ständig, bis ich merkte, dass es Spaß macht, einfach lauter zu sprechen als bisher«, »Ich bin nicht mehr Frau Bindestrich«, »Ich habe mich schweren Herzens von meinem Frauenarzt verabschiedet«, »Endlich das Ende der Pein mit dem Schlanksein«, »Obwohl oder vielleicht gerade weil mir vieles fehlt, lache ich mehr als früher«, »Ich bin mehr ich selbst, sogar auf der Waage«, »Jetzt kommt das Sein vor dem Schein«, »Meine 60er-Jahre haben meinen Pessimismus widerlegt«, »Ich lass mir nicht mehr vorschreiben, was ich gut zu finden habe«, »Statt Wonderbra, Miederhöschen und Stilettoabsätzen gibt es jetzt weiche Stoffe, Puddinghaut und Schuhe, in denen ich gern wohne«, »Ich nehme meine eigenen Stimmungen ernst, statt die anderer vorwegzunehmen und aufzufangen«, »Endlich keine freiwilligen Kasteiungen und Qualen mehr«, »Gefastet wird erst wieder in der Gruft«, »In Gedanken kann ich heute jede Lust ausleben, ohne sie in die Tat umsetzen zu müssen«, »Ich verfüge seither über ein solides, freches Mundwerk«.

Ein reichhaltiger Früchtekorb, den diese Frauen da zusammengetragen haben. Allerdings fallen einem die Früchte nicht einfach in den Schoß. Es heißt, wir dürfen jetzt gelassen, spontan, spielerisch, verrückt sein, aber wie gelingt es, leichtherziger und humorvoller zu sein, wenn man vorher jahrzehntelang pflichtbewusst nach den Spielregeln der guten Kinderstube gelebt hat? Eine Frau beschreibt, wie sie sich bei Geschenken oder bei Anerkennung immer wieder dabei ertappt, zwischen: »Ach nein, das wäre doch nicht nötig gewesen« und »unheimlich gebauchpinselt sein« zu schwanken. Tatsache ist, dass wir uns selbst mitnehmen in diese neue Landschaft, und dass unsere alten Mantras »Ich muss doch«, »Sei nicht so faul!«, »Tu was Gescheites!«, »Was werden die anderen denken?« uns mit Missgunst und Gewissensbissen plagen.

Das Leben im Übergang zum eigenen Rhythmus ist manchmal wie das Autofahren in den ersten Fahrstunden, wo jede Abbiegung oder Kreuzung zur existentiellen Herausforderung wird. So erklären sich auch die kleinen Hysterien, die aufkommen, wenn wir ohne Fahrlehrer unsere eigenen Entwicklungsschlaufen und Kurven drehen. So wie der Fahrlehrer sich nicht anstecken lässt, können auch wir uns selbst besänftigen und unsere Befürchtungen bewusst belächeln, ihnen ein bisschen Nonchalance entgegenhalten, vorsichtig schauen, wie dieses Neue sich entwickelt, augenzwinkernd bewusst anders handeln oder freundlich resignieren: »So sei es«, »Morgen ist auch ein Tag«, »Der Herrgott wird schon ein Auge zudrücken«, »Mit Freunden plaudern ist auch wichtig«. Manchmal kann auch das Verrückte nötig sein – der neue lila Hut, obwohl man schon unzählige besitzt, sich die Nacht um die Ohren hauen, im Orientexpress reisen, die laue Nacht im Freien verbringen, den Laptop verbannen. Im richtigen Leben gibt es nicht nur unschuldige Vergnügungen. Und wer gibt nicht gern zu, dass eine großartig inszenierte Flamenco-Show nicht fetziger ist als ein Bildband aus der Stadtbibliothek. Auf die Frage, wie sie denn so alt geworden sei, antwortete die 92-Jährige augenzwinkernd: »Nichts verteufeln, nichts verherrlichen!« Darauf kann sich jede ihren Reim machen.

## Freunde sind Wahlverwandte

»Hier sitzen wir und haben's schön«, so spricht Astrid Lindgren. Und so erleben wir es, wenn wir mit Freunden zusammensitzen. Es ist nicht nur schön, wir brauchen das auch, wie es der Beatles-Song »With a little help from my friends« so treffend ausdrückt. Selbst, wenn wir zu hoch, zu tief oder falsch singen, sie würden nicht einfach aufstehen und gehen. Auf Freunde ist Verlass, das haben wir schon mit zehn oder zwölf Jahren erfahren, als jede ihre »Beste« hatte und als es noch keine anstrengenden Rangeleien um Liebhaber oder Ehemänner gab. Männer kommen und gehen, aber Freundinnen bleiben bestehen. Deshalb ist es in den Jahren so wichtig, Freundinnen zu haben. Von unseren Müttern haben wir gelernt, der Beziehung zum Mann alle anderen Beziehungen unterzuordnen oder als zweite Wahl abzuwerten. Freundschaften werden weniger ernst genommen, obwohl sie zentral für uns sind. Dabei wird unterschätzt, wie wertvoll beste Freunde und Freundinnen füreinander sind, wie viel sie einander geben und bedeuten können.

Die Ratgeber verheißen uns eine bunte Freundesschar, wenn wir nur freundlicher und liebenswerter werden. Allerdings lässt sich aus dieser Einsicht keine Gebrauchsanleitung ableiten, denn wie so vieles zwischen Menschen hängt Freundschaft auch von glücklichen Umständen ab. Vielleicht sollte man erst einmal das Naheliegende erwägen, dass nämlich all das, was wir uns wünschen, mit Einsatz, Pflege und Hingabe verbunden ist.

Freunde brauchen Pflege. Die Familie, ob man sie mag oder nicht, ist einfach da. Man kann bei ihnen vorbeischauen, ohne sich vorher anzumelden. Man weiß meist, wo sie gerade stecken. Man muss sich nicht besonders aufgeräumt oder gestylt geben. Man kann vieles, alles oder auch nichts erzählen. Und selbst wenn man streitet, dauert es nicht lange, bis man wieder weiterredet, weil der Onkel bald Geburtstag hat, der Bruder krank ist oder Weihnachten vor der Tür steht.

Bei Freunden kann ein falscher Satz, eine Gedankenlosigkeit oder ein falscher Schritt genügen, plötzlich gibt es einen Riss im freundschaftlichen Gefüge. Oft sieht man ihn nicht kommen, weil es meist eine Kleinigkeit ist, die das Urteil spricht. Eine Freundin hat eine selbstgeschriebene Geschichte nicht gelesen, die man ihr anvertraut hatte, um ein kritisches, ermutigendes Wort zu hören. Keine Reaktion. Nun fällt einem ein, dass es in der Vergangenheit ähnliche Nachlässigkeiten gab, und plötzlich steht das Wörtchen »nie« im Raum: Nie hat sie sich auseinandergesetzt mit meinen Schreibversuchen. Nie hat sie gelobt oder kritisiert. Daraus erwachsen Misstrauen und Entfremdung, die sich von nun an auf alles ausdehnen.

Oder es wird geschwiegen, geschmollt, gelauert oder gar gerächt. Meist traut man sich nach Unstimmigkeiten nicht, gleich am nächsten Tag anzurufen: »Hast du gehört, heute soll es wieder schneien!«, »Stell dir vor, meine Katze hat Flöhe!«, sondern man muss sich ernsthaft bemühen, den Wettbewerb »Wer kann länger schweigen?« zu beenden und Wiedergutmachung zu leisten. Das kann mitunter zu einem unentwirrbaren Mischmasch aus Überhitzung, unfreiwilliger Komik, hysterischer Empörung oder Beschämung führen. Spotten ist leicht, aber gerät man erst einmal in die Mühlen eines solchen Szenarios, schwindet offenkundig die Großherzigkeit, zu relativieren und abzurüsten – auch bei sich selbst. Wie beim Auto: Fährt man rückwärts an einen Baum, verkleinert sich der Kofferraum. Da hilft nur eines: Den Vorwärtsgang einschalten, aussteigen, einen Schritt zurück machen und fragen: Welche Wechselwirkungen haben diese merkwürdigen Szenarien eigentlich erzeugt? Eine Lehrerin verlor ihre lebenslange Freundin wegen einer Bitte um Unterstützung bei einem Umzug. Bei einem Abendessen wurden ein paar frostige Sätze ausgetauscht, dann gab es plötzlich keine Anrufe mehr. Es vergingen Tage, Wochen, Monate und irgendwann waren es Jahre, und sie schwiegen immer noch. Funkstille – ein Wort aus der Schifffahrt – ist ein unüberhörbarer Appell, der ausdrückt: »Höre, was ich nicht sage!« Wer schweigt, schafft Abstand und hat Macht. Aber was ist der Gewinn? Sind nicht letztlich beide – Schweiger und Ausgeschwiegener – Verlierer? »Es vergeht kaum ein Tag, an dem ich nicht an sie denke. Ihr Schweigen kam abrupt. Seither grüble ich: ›War es Wut, Scham oder Neid?‹ Vielleicht war ich zu unsensibel. Ich kann mir einfach keinen Reim darauf machen. Ich spüre nur eines: Sie will mich bestrafen, ohne mir mitzuteilen, wofür. Ob es je Begnadigung geben wird? Selbst Schwerverbrecher werden ja heutzutage nach 15 Jahren begnadigt.«

Man spricht von Familienbanden. Sie zu lösen ist fast unmöglich, zumindest braucht es viel Kampf und Verbohrtheit. Bei Freundschaften sind es wohl eher bunte Fäden, die leicht reißen können, wenn man sie nicht hegt und pflegt. Die Schönheit von Freundschaften geht Hand in Hand mit ihrer Zerbrechlichkeit. Deswegen sollte man Freunde nicht ermüden, denn sie sind die größten Geschenke, die uns das Leben offeriert. Freundschaften – die kostbarsten Beziehungen, die es gibt, weil sie freiwillig und nicht verordnet sind. Freunde zeigen uns, dass wir dazugehören, dass die Welt ein freundlicher Ort sein kann. Für Freunde öffnen wir die Haustüre, selbst wenn wir mitten in der Arbeit sind, weil uns ein liebes Gesicht und ein herzliches Wort guttun. Freunde geben uns Einblick in andere, fremde Welten, die wir ohne sie nie kennengelernt hätten. Sie zeigen uns neue Blickwinkel und Aussichten, leiten die Blitze ab, die uns fast zerreißen. Sie halten unsere Hände, wenn wir Trost brauchen. Und wir alle brauchen immer wieder Händedrücke und wohlwollende Blicke. Der Vorteil: Freunde können wir viele verschiedene gleichzeitig haben, während wir uns besser auf einen Ehemann oder Liebhaber beschränken sollten. Selbst die Forschung bestätigt es: Frauen, die alt genug sind, um als »älter« zu gelten, sind besser dran, sind gesünder und glücklicher, wenn sie auch Freunde haben, als wenn sie nur Enkelkinder hüten oder eine Katze versorgen.

Freunde sind wie Wahlverwandte. Wir suchen sie uns selbst aus. Wir sind freiwillig zusammen. Keine Institution gängelt uns, kein Sachzwang nötigt uns, keine Versicherung schützt uns. Wir lieben sie, weil wir es so wollen. Wir folgen ihnen, so lange wir wollen. Wir schenken ihnen unsere Zuneigung, weil wir so entschieden haben. Das macht uns frei und stärkt unser Eigensein. Niemand kann uns reinreden. Niemandem müssen sie gefallen – außer uns selbst. Und wenn der Ehepartner meint: »Wie passt ›die‹ oder ›der‹ denn zu dir?«, so lächeln wir augenzwinkernd: »Das werde ich mit der Zeit selbst herausfinden.« Freunde halten uns am Leben, weil wir von ihnen unendlich viel lernen, weil sie uns Weltwissen vermitteln. Was gibt es für unseren Kopf Besseres, als zu lernen, zu lernen und nochmals zu lernen?

## Spielen macht frei

Manche bleiben am liebsten zu Hause, andere zieht es nach draußen. Die Trägen und die Emsigen. Die Häuslichen und die Vagabundinnen. Frauen denken und empfinden so unterschiedlich. Liegt nicht gerade in dieser Verschiedenheit ein wunderbarer Reichtum? Freiwillig und spielerisch sollte es geschehen, dass wir ungeniert laufen, rennen und immer wieder innehalten und ruhen, wie wir wollen, wo wir wollen, wann wir wollen und mit wem wir wollen. Der Kabarettist Gerhard Polt plädiert sogar für ein gepflegtes, gemütliches Zeittotschlagen: »Also ich glaube, wenn es einem fad ist, hat man mehr von der Zeit, als wenn man hektisch herumsaust. Vielleicht verbrauchst du wirklich weniger Zeit, wenn du vor dich hin zeitelst.« Wie so viele Frauen wandere ich gern, um das wohldressierte Zirkuspferd in mir immer wieder pausieren, streunen und springen zu lassen. Nichts müssen, alles dürfen, offen sein für diese kostbare Zeitlosigkeit, diese unverschämte Lust am Gehen, am Lebendigsein; das sind Momente, in denen ich Mädchenzeit und Erwachsenenzeit zueinander findend erlebe.

Ich spreche von solchen Momenten, in denen wir ein bisschen wie Katzen werden, die genau wissen, wann sie die Krallen zeigen, wann sie verschwinden, wann sie ihre Augen zu Schlitzen stellen, wann sie wieder auftauchen und wann Zeit zum Spielen ist. Von Katzen weiß man, dass sie ihren eigenen Lebensrhythmus haben. Sie gehorchen nicht.

Sie machen was sie wollen. Auch wir besitzen diese Katzengabe, unseren eigenen Rhythmus zu leben. Zwischen den Pendelschwüngen des Alltags innezuhalten, zu streunen und zu denken, was denkbar oder undenkbar wäre. Zeit zu erleben und zu genießen, die nicht mehr Terminen und Uhren gehört und zu spielen, wie wir es früher taten.

Spielen ist die schönste Form dieses köstlichen Zeiterlebens. Warum spielen wir nicht mehr, einfach aus Lust und Trotz? Wir haben uns bisher genügend abgerackert. Wir müssen nicht mehr die Nase, den Intellekt, den Busen, die Beine oder den Hintern vorn haben, weil es nichts mehr zu beweisen gilt. Wir müssen auch nicht diese so unbändig freie Zeit teuer vertreiben oder in einer Bar oder Diskothek »chillen«.

Frauen, die spielen, sind Anarchistinnen, weil sie unberechenbar bleiben, wo doch heute nur eines zählt: trendy, berechenbar und effizient zu sein. Die Vorstellung, dass sich etwas rechnen muss, ist der Tod eigensinnigen Spielens. Das allein ist Grund genug, ihr zu trotzen. Deswegen sind Spielerinnen die Subversiven, die sich nicht einordnen lassen in unser effizientes, technologisches Universum.

Ich plädiere für ein Ja zur unumgänglichen Nutzung technischer Geräte, und zugleich ein Nein, indem wir ihnen verwehren uns zu verbiegen, zu benebeln, zu verwirren und zu veröden. Heidegger verwendet hierfür ein altes, treffendes Wort: »Gelassenheit zu den Dingen«. Nichts bewegt sich, wenn wir stundenlang fernsehen. Unsere Seele nimmt Schaden, weil es uns daran hindert, andere, reale Dinge mit realen Menschen zu tun. Mediale Fernversorgung macht faul und verführbar. Sie verlangt weder Körper- noch Kopfarbeit. Natürlich gibt es gewisse Vorteile, wenn wir Figuren im Bildschirm sehen. Man braucht ihnen weder Kaffee oder

Wein anzubieten noch muss man sich mit ihnen unterhalten oder für sie kochen. Man braucht sich nicht einmal anzuziehen, um sie zu besuchen. Sie warten auf uns und verlassen uns nicht – es sei denn, der Fernseher streikt. Eigentlich sind sie die perfekten Freunde, weil sie uns zeigen, dass wir nicht allein auf diesem Planeten sind. Dennoch bleiben wir allein, weil wir nur unsichtbare und unhörbare Zuschauer sind. In einen Kasten zu glotzen ist eine lausige Art des Spielens.

Das spontane Spielen scheint sich verzogen zu haben. Selbst Kinder trifft man kaum mehr singend, tanzend oder springend. Männer spielen Fußball, Golf oder Computerspiele und Frauen gehen shoppen, Kaffee trinken oder führen ausgiebige, ernste, therapeutische Gespräche. Zu sehr haben wir uns auf das Nützliche verlegt und den Sinn für das Spielerische, für die Fantasie weitgehend verloren. Jetzt kommt es darauf an, Raum für Spiel zu schaffen, für ein spielerisches, leichtes, spontanes Terrain, das dem Leistungsgedanken ein Schnippchen schlägt.

Eine Handvoll guter Freundinnen und Freunde genügen, um spontane Feste oder Zusammenkünfte zu feiern, ohne große Putzaktionen, 4-Gänge-Menüs oder Catering-Service. Warum nicht das wiederbeleben, was die Frauen früher taten, zum Beispiel Spieleabende bei Wein, Trauben und Brot, Singen zur Gitarre oder Abende rund ums Klavier, wo jeder mitsingt, ob er singen kann oder nicht? Wie kommt es, dass die Klaviere heute verschwunden sind? Diese schweren, dunklen, unverwüstlichen Zerberusse. Diese Markenzeichen verantwortungsvoller Eltern, die bewiesen: »Unsere Kinder sind keine Kulturbanausen.« Ein Klavier und ein paar Sangesfreudige konnten früher locker eine Party schmeißen. Man spielte vom Blatt, sang Volkslieder, und wenn die Gäste ungemütlich wurden, forderte man die Tochter des Hauses zum Klavierspiel auf. Wehe, sie zierte sich oder war zu stolz! Benehmen zählte mehr als Talent. Drei Stücke hübsch serviert, ein Knicks und fertig. Am Klavier sang man laut und hemmungslos, der Wettbewerb war damals nicht der Rede wert. Und heute? Wir hören lieber, als dass wir selbst unsere Finger bewegen. Wir singen nicht einmal mehr unter der Dusche, weil die Profis für uns singen. Wie konnten wir nur so naiv sein, mit unseren Eltern und Verwandten am Klavier zu stehen und voller Hingabe »Oh du fröhliche« zu singen? Ist doch noch gar nicht so lange her, oder?

Wie wäre es mit Pantomime, Stegreifspielen, Theaterspielen oder spontan erfundenen Radio-Hörspielen? Noch heute zehre ich von den Erinnerungen an diese Abende, an denen man sich traf, um rührende, herzzerreißende Stücke einzuüben. Besonders viel Spaß machte uns das Verkleiden. Dabei legt man ja nicht nur seine gewohnte Kleidung ab, sondern man hängt auch seinen Alltag auf den Kleiderbügel und schlüpft in eine neue Haut. So beginnt Verwandlung: Man schlüpft in ein Märchengewand oder irgendetwas Ausgefallenes, Abgefahrenes, Verrücktes und lässt sich auf eine neue Identität ein. Dies wirkt zurück auf die Bewegungen, die Gestik, den Gang. Man ist plötzlich eine andere. Schöner, verwegener, entzückender, anmutiger, wilder und selbstvergessener, weil man seine Erziehung, seinen Status, seine gewohnte Art, unbewusst oder hastig durchs Leben zu gehen, aufgibt. Eine, die das Verkleiden liebt, beschreibt es treffend: »Bei solchen Gelegenheiten amüsiere ich mich köstlich, besonders wenn ich vorher frustriert oder verärgert war. Da reichen schon ein paar Blumen im Haar und irgendein bunter Rock und plötzlich kommen meine Lebensgeister zurück. Wenn da jemand kommen und mir sagen würde, ich sei zu dick oder zu hässlich, da würde ich nur lachen und mit den Schultern zucken ›Na und‹, weil ich mir nämlich selbst gefalle.«

Geselligkeit und Geborgenheit lassen sich nicht verordnen, aber wir können sie selbst hervorbringen, indem wir ein wenig Salz in die Lebenssuppe streuen. Damit sie nicht kalt wird, sollten wir sie immer wieder umrühren. Deswegen brauchen wir Spielfreude, Fantasie und Farbenfreude, statt Konkurrenz, Neid und Wettbewerb. Dabei erleben wir zauberhafte Geschichten, die dem üblichen Talk-Show-Hickhack bei weitem den Rang ablaufen. Unsere Mütter und Großmütter wussten noch, wie es sich anfühlt, wenn man begeistert spielt. Wir können diese Begeisterung wieder neu entfachen, indem wir uns von ihrer Spiellust anstecken lassen, bei der es nicht um die Unterscheidung von Siegern und Verlierern geht, sondern im Gegenteil um eine Aufhebung dieser Unterscheidung. Wenn es irrelevant ist, wer gesiegt oder verloren hat, dann sind auch die Begegnungen miteinander wieder leichter und offener.

Ausprobieren, erinnern, wagen und bewahren, das soll und kann das gemeinsame Spielen leisten. Was da stattfindet, bringt uns zum Leuchten: Resonanz und Berührung. Berührungen zwischen Augen, Händen und Füßen, zwischen Körpern und Vorstellungskräften, zwischen Witz und Intelligenz, zwischen Lachen und Ernsthaftigkeit, zwischen Bällen und Händen, die sie einander zuwerfen. Spielen ist der kurze Jubel solcher Augenblicke. Es ist einfach schön, energisch innezuhalten, sich Zeit zu nehmen für Spiele, die Kopf und Herz erfreuen, lustvoll spielerisch zu leben statt beliebig. Frauen, die auf Bäume klettern, spielen auch gern. Sie widersetzen sich den allgemeinen, kurzatmigen Leistungs- und Neidgedanken, indem sie solche Berührungen in ihren Leibgedächtnissen aufbewahren. Was wir für das Bleiben solcher Berührungen tun können, ist einfach: immer wieder zusammen kommen und einfach spielen.

## Tanzen macht schön

Tanzen ist ein so machtvolles Bild des Lebens – seiner Bewegung, Schönheit, Heiterkeit, Wildheit, Verletzlichkeit –, dass es das Leben selbst ist und nicht nur Therapie oder Sport. Beobachtet man Frauen beim Tanzen, so wird deutlich, dass sie im besten Sinn des Wortes zu Kindern werden. Tanzen ist eine Geschichte ohne Worte, die in der Aktion entsteht. Man ist Körper und nichts sonst. Es ist die Zwiesprache des Körpers mit sich selbst. Man kann sich nicht verstecken. Man ist bei sich. Man ist eigen.

Die Freiheit, die uns das Tanzen verspricht, liegt auf der körperlichen Ebene. Es ist eine Befreiung von der Starrheit und Enge des Körpers. Und es ist eine Befreiung von den Widrigkeiten des Alltags, die uns niederdrücken. Jede und jeder, der tanzt, kann dieses Gefühl bestätigen: dass der Körper frei wird, wenn er sich rhythmisch, schwungvoll, kraftvoll und koordiniert bewegt. Und was geschieht, wenn der Körper frei wird? Herz, Gefühle und Seele sind auch befreit. Ähnlich wie in der Liebe.

Man kann Therapien machen, um zu erforschen, woher die eigenen Probleme rühren, und um sich mit sich selbst und den erlittenen Enttäuschungen und Kränkungen zu versöhnen. Man kann haufenweise Ärzte und Physiotherapeuten aufsuchen, um sich von Blockaden und Verkrampfungen befreien zu lassen. Wenn diese therapeutischen Allianzen gelingen und die Auserwählten ihre Sache gut machen, dann regenerieren und gedeihen wir auch irgendwie, werden vitaler, dynamischer, offener, obwohl man nicht genau sagen kann, wem man es nun zuschreiben soll.

Beim Tanzen ergibt sich das wie von selbst, ohne dass man darüber spricht. Wir werden schöner, anmutiger, vitaler, dynamischer, indem wir einfach tanzen. Die Flamenco-Tänzerin Consuelo Garcia schrieb: »Der Tanz hält sozusagen, was die Therapie verspricht. Er bringt dich dazu, dass du dein Wesen akzeptierst – er verwandelt dich.« Hierzu eine Therapeutin: »Seit ich nicht mehr in meinem Beruf arbeite, bin ich häufig deprimiert. Ich habe endlich kapiert, dass es mich nur noch weiter herunterzieht, wenn ich zu Hause sitze und Trübsal blase. Deshalb gehe ich regelmäßig tanzen. Schon nach wenigen Minuten fällt die Depressivität von mir ab. Statt zu grübeln setze ich ihr etwas Kreatives entgegen und meine verloren gegangene Lebensfreude kehrt wieder zurück. Auch wenn ich nicht mehr so beweglich bin wie früher, so ist der Tanz für mich die beste aller Therapien, weil sie mich ohne Umwege verändert.«

Nichts bringt uns so schnell in unseren Körper wie das Tanzen, die bewusste Bewegung unseres Körpers. Ich behaupte sogar, wer tanzt – egal wie jung oder alt man ist – steht alle Widerfahrnisse durch. »Man kann mir alles entziehen: Mann, Haus, Wein, Kaffee, aber nicht das Tanzen«, so sagt es eine ältere Tanzbegeisterte. Ich habe es selbst erfahren, sogar im Spital kann man tanzen, mit den Füßen oder Händen, also mit den Gliedmassen, die noch intakt sind, und die Schmerzen verwandeln sich. Tanzend kann man trotzen, abwehren, aufbegehren, umzingeln, einkreisen, locken, werben, rufen. Energien kommen in Fluss und werden spielerisch wach. In Resonanz darauf bildet sich das eigene Selbst.

Auf einem Fest sah ich ein paar Frauen tanzen. Von weitem sahen sie alle ungefähr gleich alt aus; als ich näher kam, sah ich, dass unter ihnen eine viel ältere Frau mittanzte. Sie wirkte anmutig, anziehend und völlig selbstvergessen. Ein wunderschöner Anblick. Sie wollte einfach zur Musik tanzen und setzte sich über die uns implantierte Programmierung hinweg: Dafür bist du zu alt. Dafür ist es zu spät. Du bist doch jetzt Omi. Mach dich nicht lächerlich!

Das scheint mir das Geheimnis des Tanzens zu sein: die Resonanz zwischen mir und meinem Körper. Im Gegensatz zum Fitnesskult, wo Menschen sich bei Sit-ups und am Laufband abstrampeln und ihre Körper zu Trainingszwecken foltern. Was dort fehlt, ist die Resonanz zur Mitwelt, weil die Bewegung zum Selbstzweck entfremdet ist und den Kampf gegen sich selbst fortsetzt.

Das Eigensein lässt sich nur in der Resonanz zu dem finden, was uns ergänzt (Sloterdijk 2013). Das kann die Natur, die Musik oder eben der Tanz sein. Die Devise »Sei wer du bist!« gilt nur begrenzt, es müsste vielmehr heißen: In der Resonanz zu den unzähligen Liebesmöglichkeiten unserer Welt entscheidet sich das, was aus dir wird. Deswegen brauchen wir den Tanz, diese Gabe, die uns mit den Kräften unseres Körpers vertraut macht, die uns feiern, jubeln und unsere Hüften wiegen lässt. In Spanien wird man als Frau »Königin« genannt, nicht um zu schmeicheln, sondern weil »Reina« dort zur Alltagssprache gehört. Automatisch geht man etwas selbstbewusster, gelassener und anmutiger. Vielleicht können wir den Frauen dort abschauen, wie sie ihre Kräfte weniger dafür einsetzen, zu gefallen und sich anzupassen, sondern mehr um ihr eigenes Selbstbewusstsein zu stärken. Vielleicht ahnen wir dann, wie unser Selbstbewusstsein unser Zuhause wird, unser Ort, wo wir eigen sind, in uns ruhen und gelassen werden.

Meine Botschaft ist der Tanz selbst: Trotz aller Widerfahrnisse zu tanzen, sei es aus Lebenslust, Aufmüpfigkeit oder Schmerz, oder was sich gerade zeigen will. Im Tanz ändern wir unsere Richtung, lassen unsere Vorurteile hinter uns und brechen neu auf. Es gilt nur drei Voraussetzungen zu beherzigen: guter Kontakt zum Boden, geschmeidige Knie, lockeres Fallenlassen der Schultern. Wer selbst tanzt, begreift sicher eines: Sämtliche Gefühle, Emotionen und Empfindungen verwandeln sich unmittelbar. Aus getanzter Enge wird Weite, aus getanzter Freude wird Begeisterung, aus getanzter Ängstlichkeit wird Mut, aus getanztem Schmerz wird Tiefe und Versenkung.

## Sich freischwimmen

Ich plädiere entschieden dafür: Frauen sollen sich freischwimmen, sowohl im übertragenen Sinne als auch im wörtlichen. Ich selbst schwimme und schwimme und schwimme täglich, sodass es das reinste Wunder ist, dass ich nicht inzwischen zum Fisch mutiert bin. Ein Sprung ins kühle Wasser des Sees oder Teiches genügt, und die Lebensgeister sind in Sekundenschnelle wach. Dann sich treiben lassen und spüren: Ich werde getragen, ich kann mich anvertrauen. Dann untertauchen und erleben: Das Wasser nimmt mich auf; meine Lasten, Grübeleien und Ängste werden ganz leicht. Ich bin ein Teil des Wassers. Auch in meinen Gedanken, mit denen ich eintauche. Im Wasser wird etwas spürbar, was wichtig ist: Das Wasser will unsere Wandlung. Es will, dass wir uns bewegen lassen, bis alles an uns Bewegung ist. Wir werden uns selbst dabei inne. Wir vergessen uns und sind gerade deswegen am stärksten bei uns selbst.

Wichtig ist nur das Element, in dem wir uns bewegen, und dass wir nicht untergehen. Vielleicht entschlüpft uns dann ein seliger Seufzer: »Das ist es!« Sich freischwimmen bedeutet, Selbstvertrauen zu finden oder auch das Vertrauen zu haben, dass man getragen wird.

Ins Wasser eintauchen oder mit Wasser benetzen, das ist auch Teil des christlichen Taufrituals. Wer so getauft wird, ist nicht nur eine Tochter der Erde, sondern auch eine Tochter des Himmels. Darum sprechen wir in der Taufe einem Kind seinen Namen zu: das Versprechen, es werde es selbst bleiben durch alle Wandlungen hindurch. Selbst heute sagt das Wasser zu uns: Du kannst dich tragen lassen. Du darfst du selbst sein. Es gibt nichts zu halten, durchzuhalten, abzuhalten, fernzuhalten oder festzuhalten.

Im Wasser wandeln wir uns leichten Sinnes, weil das Wasser uns Resonanz gibt und einlädt, uns hinzugeben. Im Wasser wandeln sich die Gedanken in Fantasien – von einer Begegnung, die Ihr Leben neu ausrichten wird, von dem Buch, das Sie schreiben wollen – und Fantasien führen zu Wünschen. Indem uns das Wasser immer wieder ins Hier und Jetzt zurückholt, erleben wir etwas Wichtigeres, als unseren Wünschen nachzujagen. Wir lernen Hingabe. Sie ist das Element der Künstlerin in uns. Das Lebensgefühl, das das Wasser uns gibt, ist das, was die Künstlerin ausmacht. Sie hat teil an dieser Wandlungsfähigkeit des Wassers und liebt das Spiel der Wandlungen. Es geht ihr nicht darum, sich zu behaupten, sondern sich dem hinzugeben, was wert ist, ausgedrückt zu werden. Sie fließt und sucht den Weg ins Meer, weil sie das Versprechen auf etwas spürt, das größer ist als das mühsame Leben einer gefälligen, farblosen Perfektionistin. In ihrem Gesicht ist immer noch das wilde Mädchen zu sehen, das früher nicht genug vom Spielen,

Toben und Träumen kriegen konnte. Sie schert sich nicht um die Erwartungen, die Missgunst und die Vorwürfe ihrer Familie und Kolleginnen. Sie hat es oft erlebt: tief eintauchen und wieder hochkommen, pfeilschnell springen und sich treiben lassen, hinfallen und wieder aufstehen. Sie stürzt, aber sie springt wieder auf. Sie trotzt dem Leid, statt zu jammern. Sie ist nicht unverwundbar, aber unverwüstlich. Sie steht auf, schüttelt sich wie ein nasser Pudel und feiert das Leben. Das Hinfallen gehört für sie dazu, das Aufstehen macht sie groß. Wenn das Leben schwer und düster ist, so singt, tanzt oder spielt sie die Zuversicht und Hoffnung in die Herzen der anderen. Sie verkörpert das Prinzip der Antigravitation. Das heißt, sie setzt dem Schweren etwas entgegen. Es bedeutet, dass sie sich nicht herunterziehen lässt, nicht schwerer oder breiter wird, weil sie immer wieder aufsteht.

So wie das Wasser zwischen Quelle, Fluss, See, Regen und Wolke kreist, liebt die Künstlerin die Formen, die Wandlungen, den Zauber, die Schönheit. Im Gegensatz zu den medialen Bildern, die jung mit begehrenswert gleichsetzen, geht es ihr um das Gefühl der Lebendigkeit; deswegen ist sie mal quirliges Bächlein, mal reißender Strom, mal weiches Meer oder geschmeidige Welle. Immer neue Wellen nimmt sie in sich auf, neue Gedanken, neue Ideen, neue Vorstellungen von der Welt und wie sie ihr Leben verstehen und ausdrücken will.

In jeder von uns schlummern diese Kräfte des Ausdrucks, in jeder können sie erwachen. Zwar geht der Schöpfer sehr sparsam mit Talenten um, aber im Alter, wenn die Gedanken wieder freier oszillieren, meldet sich das kleine Genie in uns zurück. Vielleicht nicht gerade durch große Kunstproduktionen, aber womöglich durch gelungene Geschichten, Tagebuchfantasien, Kritzeleien, handwerkliche Gestaltungen oder Ausdrucksmalereien, die den Mut zum Eigensein, auf persönliche, eigenwillige Art auf Vorgefundenes zu reagieren, protokollieren. Wir brauchen Spielräume, um eigene Erfahrungen zu entdecken von einer Welt, die *auch* sein könnte. Wir brauchen Flüsse, die den Abgrund zwischen dem Möglichen und dem Zwang der Fakten überwinden. Im Wasser wurzelt die Kraft zur kreativen Wahrnehmung und zur Überschreitung von Grenzen, zum Wegtauchen von einseitiger Abrichtung durch Effizienz und Fakten. Das Wasser zeigt uns selbst, die Welt und unsere Beziehung zu ihr in der ständigen Möglichkeit des Andersseins.

# Zu sich selber finden

## Einen Rückzugsort entdecken

Frauen, die Neues wagen, brauchen Rückzugsorte. Orte, wo sie der Welt den Rücken kehren und sich selbst besuchen können. Sie brauchen Inseln und Distanz mehr als ständige allumfassende Information. Karl Valentin hat es auf seine humorvoll-ironische Weise ausgedrückt: »Heute mach ich mir eine Freud', ich besuch mich selbst. Mal sehn, ob ich zu Hause bin.« Sei es nun ein Segelboot, eine Datsche, eine Hütte, eine Höhle oder wer weiß was. Hauptsache, wir haben ein haltgebendes Zuhause, das uns aufnimmt und Ausblicke auf die Welt gewährt. Für mich symbolisiert dieses Zuhause das Baumhaus. Eine wunderschöne Metapher für diesen weiblichen Ort, in den man hinein kann, statt sich vorwärts zu bewegen. Man könnte fast sagen, eine Art luftiger Uterus im Grünen, der sich aber vom mütterlichen Uterus dadurch unterscheidet, dass er mit Eigensein und Autonomiegefühlen verbunden ist. Eine weibliche, betretbare Welt, die uns empfängt. Dieses Elysium brauchen wir immer wieder, als Rückhalt, um ins Freie aufzubrechen.

Schon als Mädchen liebte ich die Aussicht vom Baumhaus. Eine Strickleiter führte in dieses verborgene Nest. Vor allem gegen Abend war es besonders heimelig. Da rauschten die Bäume, und ich lauschte, schaute und hielt Zwiesprache. Um mich herum waren Wiesen, es gab einen Weg in der Nähe und aus der Ferne hörte ich ein munteres Bächlein glucksen. Dort fühlte ich mich aufgehoben. Reich, weil ich wenig brauchte. Selig, weil ich nicht gestört wurde. Beschützt, weil meine grünen Geschwister – die Bäume – mich behüteten.

Nun bin ich wieder im Baumhaus gelandet. Hinter mir liegt die Vergangenheit und das, was ich erlebt, erlitten und getan habe. All das hat die Aussicht nach vorn geöffnet, geweitet und geschärft. Unter mir liegen die unzähligen Sommer und Winter; die Menschen, denen ich mich verdanke; die Orte, die mich aufgenommen haben; der Bougainville, der mich getröstet hat; was ich gelernt, geliebt und geübt habe; die Steine, die man mir in den Weg gelegt hat; die Lieder, an die ich mich erinnere; die Matthäuspassion, der ich meine Treue zur Kirche verdanke; die Gedichte und Bücher, die meine Freunde waren und sind. Alles, was ich aufgenommen habe, was in meinem Innern seinen Platz gefunden hat, ist miteinbezogen und heult nicht mehr draußen vor dem Baumhaus. Es gehört mir, ich kann damit machen, was ich will. Ich habe es mir verdient. Es ist mein Baum, in dem mein Baumhaus auf einer soliden Plattform ruht, das mir eine weite Sicht auf diese große, nicht zu fassende Welt schenkt. Meine eigene, persönliche, selbstgemachte Welt.

Das Baumhaus hebt mich aus der »Normalzone« heraus. Es ist weit über den Banalitäten des flachen Landes. Die Luft ist anders; dünner, zärtlicher. Meine Füße sind nicht mehr so fest am Boden. Ich bin näher an der Weite des Alls. Der Mond blickt auf mich herunter, das Bächlein redet, und über mir in der Krone des Baumes weht ein leichter Wind. Ich fühle mich aufgehoben und behütet. Mein Baumhaus gibt mir Halt und Geborgenheit. Es sorgt dafür, dass ich als

Bäumekletterin nicht in den Himmel wachse. So stelle ich mir den siebten Schöpfungstag vor und möchte sagen: »Es ist gut.« Ich bin angekommen.

Wenn Sie wollen, neben mir auf der Holzbank im Baumhaus ist noch Platz. Sie brauchen bloß die Leiter hochzuklettern und einzutreten. Sie sind willkommen. Die Füße am Fußboden, die Holzwand im Rücken. Einfach lauschen auf den leichten Wind, der durch die Zweige des Baumes zu uns spricht. Den Duft des Apfelbaumes einatmen und in die große Weite hinausschauen. Sich anstecken lassen von den Rhythmen des Baumhauses. Sich betören lassen von den Gerüchen nach Holz und Apfelbaum. Sich verzaubern lassen von diesem luftigen Nest, so dass sich der Körper entspannt dehnen darf. Wir wissen nicht, was für zufällige Schätze uns dieses Refugium über der Erde zuspielen wird, was es in uns hochschwemmen wird. Aber wir ahnen, dass das, was wir suchen, in uns selbst, im verborgenen Winkel unseres Baumhauses zu finden ist. Hier erwacht unsere Vorstellungskraft. Sie beginnt zu spielen, zu streunen, zu wandern, zu fliegen. Vielleicht erfahren wir hier, wo der Schatz in unserem Leben verborgen liegt.

Was werden wir finden? Nein, nicht suchen, nicht grübeln. Das Baumhaus belohnt uns nicht, wenn wir zu eifrig, zu ungeduldig, zu emsig, zu gierig sind. Leer, offen und weit sollten wir dort sein, um das Geschenk des Baumhauses abzuwarten. Solche Augenblicke sind störanfällig, genauso wie Gipfelsiege, Sternenbegegnungen, Orgasmen, Sekundenliebe, Heureka und wer weiß was sonst noch alles. Werden sie zu beflissen und bemüht angestrebt, entziehen sie sich. Innehalten, innehalten, innehalten lehrt uns das Baumhaus. Dafür sorgen, dass die Bäume nicht in den Himmel wachsen.

# Im Baumhaus – eine Imaginationsübung

Ich lade Sie gerne ein, eine kurze Auszeit in Ihrem ganz persönlichen Baumhaus zu erleben. Vielleicht haben Sie das Baumhaus Ihrer Kindheit oder Jugend noch in guter Erinnerung. Sie können jetzt dort einkehren oder in ein Baumhaus Ihrer Fantasie, um in Ihrem selbst gewählten Rückzugsort eine kleine Verschnaufpause einzulegen. Vielleicht bekommen Sie dabei sogar Lust, dorthin immer wieder einmal zurückzukehren.

Sie stehen auf einer Wiese und bewegen sich langsam auf Ihr Baumhaus zu. Es ist ein milder Tag, blauer Himmel, sanfter, warmer Sonnenschein, ein paar Wolken, die am Himmel entlangziehen. Ihr Baumhaus sitzt ein paar Meter über dem Boden in einem weit ausladenden, alten Baum mit starken Ästen, die das Baumhaus tragen. Es ist ganz allein für Sie da. Ein ruhiger, idealer Platz, an den Sie sich zurückziehen und wo Sie für sich sorgen können. Ein Rückzugsort, wo Sie auftanken. Hier können Sie sicher und aufgehoben fühlen und ganz für sich sein. Vielleicht haben Sie schon lange davon geträumt, einen Rückzugsraum zu haben, in dem Sie einfach sein können.

Ihr Baumhaus steht in einer wunderschönen, ländlichen Landschaft. Lassen Sie Ihren Blick in die weite, grüne, sanft abfallende Landschaft schweifen. In der Ferne sehen Sie Wälder, ein paar Häuser, ein Dorf …

An Ihrem Baum angelangt, finden Sie eine Treppe, die in Ihr Baumhaus führt. Wie ist sie beschaffen? Eine Holztreppe, eine Wendeltreppe oder eine Strickleiter, die man hochziehen kann, um ungebetene Gäste abzuhalten? Klettern Sie Ihre Treppe nach oben, öffnen Sie die Holztür und treten Sie in Ihr Baumhaus ein. Aus welchem Holz ist Ihr Baumhaus beschaffen? Fichte, Lärche, Douglasie oder Eiche? Bleiben Sie einen Moment lang still stehen und schauen Sie sich um. Ist Ihr Raum ein großer, weiter, heller, oder eher ein kleiner, dunkler, enger Raum? Hat er Fenster oder Gucklöcher? Wie ist sein Dach beschaffen? Welche Möbel stehen darin?

Setzen Sie sich dorthin, wo Ihr Platz ist. Ist es ein Stuhl, ein Sessel oder eine Bank? Betrachten Sie Ihren Sitzplatz von allen Seiten. Wie fühlt sich sein Material an? Machen Sie es sich bequem und schließen Sie die Augen, so dass Sie die Wärme des Raumes in Ihrem Körper fühlen. Lassen Sie Ihre Gedanken wandern und genießen Sie das wohltuende und entspannende Gefühl, das sich in Ihnen ausbreitet. Lassen Sie sich ankommen.

Schauen Sie sich um in Ihrem Baumhaus. Was fällt Ihnen ins Auge? Welche Farben und Formen nehmen Sie wahr? Was ist Ihre innere Resonanz zu den Farben und Formen des Raumes? Fühlen Sie sich frei, das auszudrücken, was in Ihnen an Impulsen aufsteigt. Was will sich zeigen? Eine Bewegung? Eine Geste? Eine Mimik? Ein Lächeln? Ein Seufzen?

Welche Bilder tauchen vor Ihrem inneren Auge auf? Sind es Orte, Menschen, Stimmungen, Situationen? Welche Resonanz spüren Sie in Ihrem Leib? Wird er weit und warm? Oder eher eng und düster? Entspannen Sie sich und lassen Sie sich auf Ihr Leibgefühl ein.

Wie riecht es in Ihrem Baumhaus? Schnuppern Sie ein bisschen und ziehen Sie den Geruch Ihres Raumes tief in sich ein. Welche Gefühle löst dieser Geruch aus? Kommen Erinnerungen? Assoziationen? Atmosphären? Wie berührt Sie die Atmosphäre in Ihrem Baumhaus? Wie verhalten Sie sich? Wo sind Sie verhalten? Gibt es etwas, das Sie zurückhalten? Gibt es etwas, das aus Ihnen heraus will?

Wenn Sie mit Ihrem Baumhaus in Kontakt gekommen sind, fragen Sie sich: Habe ich hier Boden unter meinen Füßen? Fühle ich mich getragen? Wohin zieht es mich? Gibt es eine Ecke im Baumhaus, die ich näher erkunden will? Oder zieht es mich zum Fenster, um nach draußen zu schauen?

Wenn Sie von hier aus auf Ihre Lebenssituation schauen, was sehen Sie? Gibt es Ereignisse, die Sie bedrücken? Lasten, die Sie abwerfen wollen? Dinge, die überflüssig geworden sind, oder Dinge, die Ihnen schaden? Und: Was freut Sie? Was trägt Sie? Was nährt Sie? Was inspiriert Sie?

Gibt es Wünsche, Hoffnungen, die Sie bewegen? Wohin zieht es Sie? Möchten Sie so weiterleben wie bisher? Ist Ihr Leben in einem guten Fluss? Gibt es Momente, in denen Sie sich stimmig fühlen?

Melden sich Sehnsüchte oder Ziele, für die Sie noch brennen? Pläne, die Sie in Angriff nehmen wollen? Dinge, die Sie endlich erledigen oder bereinigen möchten?

Welche inneren Resonanzen tauchen auf? Möchten Sie sie ausdrücken? Durch die Hand auf Papier fließen lassen? Summen? Singen? Spielen? Oder in einem Gedicht oder einer Erzählung eine Form geben? Oder möchten Sie mit jemandem über Ihre Erfahrungen sprechen? Oder in Ihrem Tagebuch festhalten, was Sie berührt?

Machen Sie einen langsamen, tiefen Atemzug und übermitteln Sie Ihrem Körper, dass er wieder in die Gegenwart zurückkommen darf. Öffnen Sie Ihre Augen, strecken Sie sich

> und genießen Sie noch ein wenig Ihr wohliges, entspanntes Gefühl und verabschieden Sie sich von Ihrem Baumhaus, im Wissen, dass Sie immer wieder zurückkehren können, wenn Ihnen danach ist.

## Auf Empfang sein

Endlich Zeit zu träumen. Wir haben genügend geschuftet. Alle Rechnungen sind bezahlt. Unsere Kohle haben wir nicht beim Shoppen verjubelt. Anstrengende Jahre liegen hinter uns. Oft genug haben wir uns selbst verleugnet, für andere die Wäsche gewaschen, wenig gemeckert und ehrlich geschafft. Selbst bei besonders perfiden Zeitgenossen haben wir uns zusammengerissen, um sie nicht zu erwürgen. Trotz aller Widerfahrnisse und Widrigkeiten sind wir mit heiler Haut davongekommen.

Endlich loslassen. Die Falltüre zuklappen und sich im Baumhaus niederlassen. Da kümmert uns der »Look« keinen Deut mehr: kein Make-up, kein Haarefärben, keine Maske, kein Zuspachteln. Es reicht, wenn die Haare gekämmt sind und der Reißverschluss und die Knöpfe zu sind. Basta! Auch wenn es Spaß gemacht hat, sich aufzubrezeln oder aufzudonnern, ist es eine echte Erleichterung, diesen Aufwand an Energie, Geld und Akrobatik nicht mehr nötig zu haben. Das Baumhaus trifft zwangsläufig eine natürliche Auswahl.

Hier haben wir Zeit: Zeit zur Besinnung, Zeit zum Nachdenken, Zeit zum Träumen. Wir sind nicht mehr verantwortlich. Wir müssen nicht mehr kontrollieren. Wir müssen nicht mehr halten, zusammenhalten, durchhalten, aufrechterhalten. Wir sehen zu den Sternen auf und lassen uns überraschen, was unser Traumkino heute für einen Film startet. Vielleicht entdecken wir dabei, wie reich wir sind, dass unser Kopf täglich neue Vorstellungen produziert. Die gewohnten Einwände, die unser Bewusstsein erhebt, fallen hier weg, so dass sich die Fülle nicht nur nachts offenbaren darf. Mal sind wir Göre mit lila Haaren; mal sind wir Katze, die sprechen kann; mal Gorilla, der in unser Bett klettert; mal Bankräuberin, die ihr Gesicht grün verhüllt; mal sind wir unsere Mutter, die ein Hirschgeweih trägt. All dies blubbert in uns hoch, denn unsere Träume sind Botschaften über uns selbst, an uns selbst und auch an andere. Wir selbst sind Autorin, Regisseurin, Darstellerin dieses Kopftheaters. »Ob Lüste oder Launen, Sex oder Sadismus, Furcht, Flucht oder Flug – der Stoff unserer Träume fällt auf uns zurück, und wir können ihn niemandem sonst in die Schuhe schieben«, so beschreibt der englische Philosoph Robert Rowland Smith den Ursprung der Träume, der in uns selbst zu suchen ist. Es gibt also keine Geister, die unser Gehirn als Briefkasten für ihre Nachrichten benutzen, sondern wir schicken Botschaften und Bilder an uns selbst, die uns immer auch irgendwie rätselhaft, verrückt, belustigend oder unverständlich erscheinen.

Auf die Frage, woher dieses Material stammt, gibt uns Sigmund Freud die kurze Antwort: aus dem Unbewussten. Dort lagern unsere Sehnsüchte, vereitelten Wünsche, frustrierten Hoffnungen und verpatzten Begehren, die dann als Traummaterial nach oben befördert werden. Dies erklärt auch, weshalb im fortgeschrittenen Alter die Fahrprüfung oder das Abitur nochmals in neuer Auflage zu uns zurückkehren. Was wir nämlich in Träumen erleben, ist ein bunter

Aufmarsch aus dem Archiv unserer Psyche. Wenn wir also unschuldig ruhen, melden sich alte Szenen wie Gespenster oder Spötter zurück – die Angst vor dem Vater, die Ohrfeigen, die hinterhältige Schwester, das versprochene Fahrrad, der heimliche Schwarm, der Verrat der Freundin – vielleicht vermischt mit aktuellen Inhalten oder in neuen Kostümen und Aufmachungen. Diese Bilder, die zu uns kommen, sind sehr persönliche biographische Inhalte, die wir wahrscheinlich nur intimen Freunden preisgeben; es sei denn zur Belustigung. Hier manifestiert sich unser Eigensein wie kaum sonst. Träume sind unsere ureigenen Geheimnisse.

Ein kluger Freund gab mir in einer schwierigen Zeit den Rat: »Nimm dir eine Auszeit und notiere jeden Morgen deine Träume!« Auch wenn sie uns ihre innerste Bedeutung nie ganz verraten, so verändert allein die Beschäftigung mit ihnen unsere Haltung zu uns selbst und den anderen. Hat man nämlich begriffen, dass man alle Teile und Personen des Traumes selbst ist, so lichten sich manche Selbsttäuschungen oder interessegeleiteten Irrtümer. Der schlichte Satz: »Das bin ich auch!« wirkt wie ein Staubsauger, der die Spinnweben in unserem Gehirn entfernt. Plötzlich ist nicht mehr der frühere Freund der Unsensible, Untreue, sondern auch ich bin es, obwohl ich mich für eine einfühlsame, zuverlässige Person halte.

Geheimnisvoll ist das Träumen, weil es eine dunkle Zeitspanne ist, die uns einen Vorgeschmack auf das vor uns liegende Ende gibt. Wer Angst vor dem Sterben hat, kann sich damit trösten, dass uns das Träumen jetzt schon auf diese Welt des Todes vorbereitet und mit ihr vertraut macht. Eigentlich ist das ja gar nicht so tragisch. Ist es nicht eher beruhigend, dass wir nicht ewig weiterturnen müssen? Ist es wirklich so unerträglich, dass das Leben immer irgendwie zu kurz gerät? Bleibt uns nicht vieles erspart? Muss ein langes Leben wirklich erfüllter sein als ein kurzes? Ist nicht eher gelassene Dankbarkeit angesagt, dass wir es in absehbarer Zeit geschafft haben? Ende gut, alles gut, sagen wir im Deutschen. Darin steckt neben der traurigen Empfindung auch eine tröstliche. Samuel Beckett hat diesen Satz dementsprechend ironisch umgewandelt in »Alles, was endet, ist gut.« Darüber lohnt es sich, weiter nachzudenken.

Noch sind wir in unserem Baumhaus. Noch sind wir geschützt. Noch lassen wir uns auf unsere Träume ein, weil wir so lange loslassen üben, bis unser Lebensappetit gesättigt ist. Und weil wir auf diesem Weg gemeinsam mit anderen unterwegs sind, unter denen es doch immer wieder einige Nette und manche Perlen gibt.

## Frei sein

Alle bisher bewohnten Räume und Häuser unseres Lebens hatten Türen, die sich in beide Richtungen öffnen ließen. Die Tür, die ins Baumhaus führt, kann auch geschlossen werden. Nur wir bestimmen den Zeitpunkt, wann wir sie öffnen, um hinabzuklettern. Es gibt nur ein Zurück, wenn wir dazu bereit sind. Was nun? Vielleicht tut sich erst einmal eine Leere auf. So viel Freiheit, so viel Ungebundenheit! Der Widerhall der eigenen Stimme klingt ungewohnt. Es riecht nach frischem Holz. Plötzlich erinnert man sich an den Geruch der alten Wohnküche als Symbol der Gemütlichkeit. War ja auch ganz schön. Es ist gar nicht so einfach, endlich frei zu sein.

Nicht mal mit Putzarbeiten kann man sich hier ablenken. Keine Vorhänge und keine Teppiche. Hier muss nichts überflüssigerweise geschrubbt, gekehrt, gestaubsaugt werden. Viel Gepäck haben wir auch nicht mitgenommen, lange Jahre haben wir ja immerhin daran gearbeitet, herauszufinden, was wir nicht mehr brauchen. Hier merkt man plötzlich, wie wenig man braucht. Jetzt heißt es Abschied nehmen von dieser protestantischen Ethik der Aufgeräumtheit: »Pünktlich, fleißig und zuverlässig sollst du sein.« Der Kopf darf jetzt frei werden für die Herausforderungen des Augenblicks. Dem Dasein zuliebe. Endlich einmal nichts tun und viel geschehen lassen. Nur dann kann das Nicht-Müssen ein Gewinn an Freiheit, an Eigensein werden.

Viele ältere Frauen habe ich so erlebt, als wären sie trotz zuverlässig widriger Umstände ein attraktives, teuer eingerichtetes Haus, sauber, frisch deodoriert und hübsch anzusehen, aber ihr Haus blieb so merkwürdig kühl, als würden sie nicht darin wohnen. Sich von diesem krampfhaften Festhalten an Fassadenarbeit zu lösen ist jetzt angesagt. Es befreit. Aber Freiheit muss man sich auch nehmen oder erkämpfen. Tag für Tag. Das fällt vielen schwer. Interessanterweise war ja im 16. Jahrhundert ein »frei Weib« eine Dirne. Eine Frau, die heute den Mut hat, ein »frei Weib« zu sein und ins Baumhaus zu steigen, engt sich nicht mehr ein. Sie trägt weder Miederhöschen noch Strapse noch High Heels. Hier kann sie sich ausdehnen, entfalten und ausbreiten, weil sie endlich ihrem Bedürfnis nach Schlichtheit nachgibt. Zur Freiheit gehört nämlich auch, dass man sie beim Schopf packt und nutzt.

Schlichtheit ist ein schönes Wort für diese Freiheit im Baumhaus. Es verträgt sich nicht mit Überdrusswörtern wie Burnout, Wellness, Downshifting, sondern mit dem eigenen Bedürfnis, bei sich selbst anzukommen. Mit dem Wunsch, frei zu werden von Sisyphusarbeit, zu entwirren, zu entgiften, zu entfrachten und neu zu sortieren. Abschiedszeiten können Schlichtheit gut vertragen. Unsere Augen wollen sich ausruhen, damit unser Blick wieder weicher, klarer wird und wir einen frischen Blick auf die Leute richten. Die angespannten Muskeln wollen sich entkrampfen. Und hier ist der Ort, die richtigen Fragen zu stellen: Was ist die Hauptsache in meinem Leben? Was geht mich unmittelbar an? Wie will ich eigentlich leben? Was wäre, wenn ich mir in den nächsten Jahren mehr Zeit zum Leben nehmen würde?

Hinter diesen Fragen steckt die Überzeugung: Frei ist, wer sich treu ist. Frei ist also nicht, wer ins Auto springt, um morgens in Paris zu frühstücken. Frei ist nicht, wer unter dem Zwang steht, machen zu müssen, was er will. Oder wer wie die Kleine fragt: »Muss ich heute schon wieder spielen, was ich will?« Diese Freiheit ist Beliebigkeit, die rasch zum Chaos ausartet. Frei ist, wer tut, was das Leben von ihm will. Oder wie der Psychotherapeut Wolf Büntig sagt: »Wer weiß, was er soll, wofür er da ist, was seinem Wesen gemäß ist.« Frei ist, wer sich für das engagiert, wofür er brennt, was ihn unbedingt angeht.

Älterwerden heißt, sich allmählich von den »ernsten Dingen«, die uns verschlungen haben, zu befreien – Arbeit, Termine, Kinder. Nun stellt sich die Frage, »wozu« wir uns befreien. Statt zum Ziel wird unsere Freiheit so zur Wegbeschreibung. »Es ist nicht genug, zu wollen, man muss es auch tun«, sagt Johann Wolfgang von Goethe. Was sagt Ihnen Ihre Seele, wenn Sie sie im Baumhaus baumeln lassen? Was flüstert und schreit Ihre innere Stimme, während Sie sich aus dem Baumfenster lehnen und einfach schauen? Die Augen auf unendlich stellen und den Blick in die Ferne schweifen lassen? Wovon will ich mich trennen? Worauf lohnt es sich, sich zu konzentrieren? Wohin will ich mich treiben lassen? Diese Fragen, die wir hier im leeren Raum stellen, sind ganz schlicht, und doch baut sich auf ihnen unser Altersuniversum auf. Lieber nicht fragen? Lieber weiter wie gehabt? In erneuter Anpassung absterben? In Erschlaffung, Beliebigkeit oder Selbstvergiftung die eigene Ohnmacht fortsetzen? Das wäre die sogenannte normale weibliche Selbstverachtung, das normale weibliche Leiden. Nein, ich denke, wir sollten uns jetzt an das halten, was uns verliehen worden ist. An dieses Leben, das immer noch atemberaubende, unbesetzte, unverseuchte Augenblicke bereithält. Wir können Kraft aus diesem Leben ziehen und aus der Zustimmung zu uns und unserem Eigensein, in dem sich die Zustimmung zum Leben ausdrückt. Im Baumhaus konzentrieren wir uns auf das Leben, das uns bleibt. Wir haben nur einen Holzboden unter den Füssen. Ein Baum trägt uns. Wir werden getragen.

## Wahrnehmen

Es ist Herbst, die Bäume stehen in Flammen. Wenn das Licht die Baumkörper modelliert, sind sie von einer Schönheit, dass man nur noch schauen und staunen kann. Einfach schauen – wie lange ist es her. Aus Angst vor Leere, Langeweile und Verdummung haben wir es vermieden, uns in meditativen Weiten zu verlieren. Selbst Phasen luxuriösen Nichtstuns waren uns verdächtig. War es Ehrgeiz, Eitelkeit, Geltungssucht oder blindes Verausgaben? Haben wir es gebraucht, gebraucht zu werden? Der Satz des Philosophen Arno Placks: »Noch eine gute Tat, und ich bin verloren« trifft es auf den Punkt. Er spiegelt die Wut und die Verzweiflung derer, die sich in den Spinnennetzen des Gebrauchtwerdens verloren haben.

Die Schönheit und die Stille hier im Baumhaus ist der Ort, den wir brauchen, um zu uns zu kommen. Hier kann die Seele aufscheinen, indem sie zeigt, was sie schmerzt und was sie braucht. Das innere Wissen über die Bäume unterstützt uns dabei. Wer unter einer Baumkrone wohnt, lebt über Wurzeln, so könnte man es in Worte fassen. Dieses Wurzelgefühl lässt uns unser Selbst und unser Wesen spüren wie an keinem anderen Ort. Sich von der Stille leiten lassen, geschehen lassen, den Mund halten und den Gedanken Raum, Zeit und Luft geben. Über sich selbst nachdenken, über das, was die Bäume in einem anklingen lassen, über das, was wir nicht gelebt haben, was wir jetzt leben wollen. Allerdings verändern uns Nachdenken und Argumente kaum, sondern nur die gefühlte Einsicht. Dieser wollen wir uns zuwenden.

Das Baumhaus kann der Ort einer anderen Wahrnehmung sein, wenn wir uns darauf einlassen. Wie oft haben wir durch Reden, Erklären, Entschuldigen oder Rechtfertigen etwas zerstört, das sich entwickeln wollte. Der Ort, an dem wir uns jetzt befinden, ist ein anderer. Hier konzentrieren wir uns auf das Hören. In den Raum hineinhören, der plötzlich riesig wird. Nach draußen hören, wo alles geheimnisvoll klingt, wie Musik. Und plötzlich spürt man so etwas wie eine schwebende Präsenz. Da taucht etwas auf. Vielleicht der Keim einer Vision, die in Ihnen zu wachsen beginnt. Sie brauchen sich nur darauf einzulassen und ihn mit aller Kraft zu intensivieren und weiterzuspinnen. Sie werden nicht nur die Bäume intensiver wahrnehmen, auch Sie werden mit neuen Bildern und Vorstellungen und auch mit neuen Kräften beflügelt.

Wer seinen Sinnen traut, wer souverän über die eigene Wahrnehmung verfügt, kann sich auch ein eigenes Urteil bilden. Und er durchschaut dieses ewige Immer-strebend-sich-Bemühen, das am Ende meist doch nicht die ersehnte Belohnung bringt. Was tun oder lassen? Eine Pädagogin antwortet: »Ich musste immer so viel. Zumindest glaubte ich zu müssen. Jahrelang blieb ich hinter meinen Pflichten zurück: ›Du musst meditieren!‹, ›Du musst joggen!‹, ›Du musst Yoga machen!‹, ›Du musst regelmäßig lesen!‹ Seit ich dieses vertrackte Muss durchschaut habe, muss ich nicht mehr so. Ich mache nur noch das, was ich wirklich will, wann ich will und wie oft ich es will. Interessant: Seit ich die Muss-Zügel abgeschnallt habe, lese ich viel mehr als früher und mache jeden Tag eine Siesta – wer will, kann es auch meditieren nennen. Klingt vielleicht exotischer.«

Nicht die Schwielen an den Händen sind unser Problem, sondern die Hornhaut auf der Seele, weil unser Tun und Verausgaben die Korsettstangen waren, die uns zusammenhielten. Ein Mehr an Zeit verbanden wir früher eher mit noch größerer Langeweile und noch weniger Sinn und Ziel. Wie reich sind wir jetzt, wenn wir wieder freigestellt sind für Wichtigeres jenseits der Welt der Lebenszwänge. In unseren Baumhäusern können wir jetzt endlich laut singen: Fort mit den Korsetten! Fort mit den Schraubstöcken! Fort mit der Eitelkeit! Fort mit diesem Weltbeglückungsehrgeiz! Schweig stille, Angst! Schweig stille, Kleinmut!

## Sich abfinden

Niemand sollte älter werden, der nicht auch bereit ist, sich über sich selbst zu amüsieren oder sich lächerlich zu machen. Denn die Zeit wird kommen, da Gottes Stimme von oben erschallt: »Ab heute wirst du nicht mehr in der Lage sein, ohne Treppengeländer nach oben zu gelangen!« Das Treppengeländer ist nur ein Beispiel, das für vieles stehen kann: ohne Brille, ohne Hörgerät, ohne Stützstrümpfe, ohne Stützkissen, ohne Gebiss, ohne Pulswärmer, ohne Wärmflasche. Man redet nicht gern darüber, und wenn, dann höchstens über die anderen, die es erwischt hat. Auch wenn es weit entfernt und unwahrscheinlich scheint, kommt doch irgendwann der Tag, an dem man nicht mehr zielsicher ins Hosenbein schlüpfen kann oder der Fuß vergeblich nach der engen Sockenöffnung sucht. Die Situation ist zwar komisch oder lustig, aber auch irgendwie demütigend. Das ist zwar kein Grund zur Verzweiflung, aber ein Motiv, sich neu zu orientieren und zu besinnen.

Der Geist ist willig, aber unser Fleisch wird schwach. Früher oder später kündigt es seine Grenzen an. Was bleibt uns anderes übrig, als sie zu akzeptieren? Grenzen sind garstig und schwer bekömmlich. Aber wir schlucken die Kröte, auch wenn sie nach »Igitt« schmeckt. Immerhin gibt es ja einige Pluspunkte für uns Frauen. Stellvertretend für viele lasse ich eine pensionierte Ärztin sprechen. Sie zählt ihre Altersschätze auf, die sie in ihrem Häuschen auf einer Anhöhe fand: »Das Schönste ist es, auf einer Anhöhe zu wohnen. Dort ist der Blick weit. Ich lebe von den Produkten des Gartens und von Joghurt. Ich sorge dafür, dass mich niemand bei Tageslicht sieht, als Alte sollte man Leute lieber abends treffen und viele Kerzen haben. Kerzenlicht dimmt die Falten weg und glättet sie wie eine Bügelfrau. Ich versuche das Alter als Komödie zu sehen. Was mir hilft, sind Witz und Schlagfertigkeit. Ich gestatte niemandem, Schnappschüsse von mir zu machen. Einer reicht, um mein Selbstwertgefühl um Jahre zurückzukatapultieren. Ich lebe mit den Jahreszeiten. Das schafft Perspektive und gibt immer wieder Hoffnung, dass es irgendwie weitergeht. Ich kleide mich so, dass man meinen Bauch nicht sieht. Ich kann nur raten, dass man nicht so tun sollte, als ob er nicht existieren würde.«

Ihr Geheimnis ist, dass sie sich nicht verunsichern lässt durch manche dieser gesunden, aktiven und überdurchschnittlich selbstbewussten Leute um sie herum. Sie genießt es sogar, wenn sie hin und wieder von ihnen um Rat gefragt wird. Immer wieder erlebt sie, dass sie wiederkommen, weil sie ihre interessierte Art, zuzuhören, schätzen. Sie spricht wenig über sich selbst, schon gar nicht über die gute alte Zeit. Sie gibt den anderen das Gefühl, dass sie ihre Beweglichkeit, Anmut und Geschmeidigkeit schätzt. Obwohl sie Anflüge von Neid durchaus kennt, verzichtet sie auf Neid-Entladungen und schmunzelt, wenn sie sich wieder einmal bei einer dieser kleinen Todsünden ertappt. Am schwierigsten fällt es ihr, mitzuhalten mit dem raschen Wandel moralischer Werte. Sie unterdrückt es, sich Symptome des Schockiertseins anmerken zu lassen, aber das brauche viel Übung, meint sie grinsend. Wenn sie mit anderen Älteren irgendwo zusammengepfercht sitzen muss, dann findet sie immer irgendetwas zu tun – stricken, Gemüse schälen, technische Geräte bedienen, kurz draußen Luft schnappen, ausgedehnte Toilettensitzungen. Sie liebt die Musik, die Poesie und das Theater. Aber neuerdings fällt es ihr schwer, auszugehen, um Galerien, Konzerte oder Theateraufführungen zu besuchen. Sie fühlt sich schwer »wie ein Klotz«, der sich zwar noch herumschieben lässt, von dem aber niemand so recht weiß, wo er ihn hinstellen soll. Ihre Liebe zu den Menschen hat sich gewandelt, sie liebt sie mehr im Abstrakten, aber die konkreten Menschen bei diesen Events gehen ihr auf die Nerven und machen sie müde und einsam. Dieses ständige »Enjoy it!« empfindet sie als modernen Fluch. Sie mag sich nicht mehr von oben herab sagen lassen, was sie sich zu gönnen und zu genießen hat. Sie will sich nicht mehr ihre Bedürfnisse vorsagen lassen. Sie will selbst urteilen und wählen.

Was rettet sie? Heute sind ihr Anblicke und Ausblicke wichtiger als monumentale Bilder und Werke. Was sie erlebt, erlebt sie, ob andere daran teilhaben oder nicht. Hier in ihrer Hütte, die wie ein Baumhaus oben herausragt, steht sie oben, schaut auf all die kleinen Menschen unten im Tal herab und bewundert die Aussicht. Sie spricht von den Abenteuern, die sie hier erlebt, von denen die anderen ausgeschlossen sind. Ich nehme an, dass sie damit ihren Geist meint, der sich von den Banalitäten und den modernen Alltäglichkeiten freimacht, um Spielraum zu schaffen für andere Geistesblitze und eigene Gedankenschöpfungen. »Ich liebe dieses Umzingeltsein von Bäumen«, meint sie. »Hier gibt es Schönheit ohne Lüge, die Bäume singen harmonisch für mich. Seither verstehe ich die Musik und die Malerei tiefer. Zumindest habe ich jetzt die Zeit dafür, tiefer in sie einzudringen. Neu ist, dass ich diese Bücher nicht mehr mag, die nur Antwort auf Schmerz und Unzufriedenheit sind. Besser wäre, sie würden gar nicht erst entstehen.«

Sie liebt die Bäume, weil sie sie mit anderen Augen sieht als Menschen. Im Gegensatz zu Menschen sind Bäume auch in Massen schön. Sie modelliert sie nicht zurecht, so dass sie zu ihren eigenen Wünschen passen oder dass sich an ihnen Vorurteile, Wertungen und Ängste festmachen. Für sie sind Bäume schön, weil sie ihnen unvoreingenommen begegnet. Ähnlich wie die Bäume zeigt auch sie ein Dasein, das nicht mehr auf Begehren aus ist. Selbst wenn ihr Körper schwer und steif geworden ist, gibt es Schönheit für sie. Sie begehrt nicht mehr auf, weil sie sich mit dem Unvermeidlichen abgefunden hat. Gerade dieses Sich-Abfinden gibt ihr Leichtsinn, einen leichten Sinn, den sie kurz und bündig zusammenfasst: »Ich habe genug getan.« Welch ein erlösender Satz!

## Ohne Handtasche

»Eine Frau ohne Handtasche, das ist doch wider die Natur!«, sagen die Männer. Ein Mann ohne Speer oder ohne Ball, das kann man gerade noch durchgehen lassen (Sloterdijk 2013). Wir sind Sammlerinnen. Das merke ich immer, wenn ich am Strand entlangspaziere. Ich bringe es nicht über mich, keine Muscheln zu sammeln. Es passiert einfach, und irgendwann sind die Hosentaschen voll. Dabei wollte ich doch aufs Meer hinausschauen. Trotz der Genugtuung beim Sammeln entgeht einem viel. Man geht mit Scheuklappen durch die Welt, weil man auf den Schatz fixiert ist, hinter dem man her ist. Sammelleidenschaft ist mit dem Leben im Baumhaus nicht vereinbar, denn der begrenzte Raum im Baumhaus macht wählerisch. Er zwingt zur Auswahl.

Was brauche ich wirklich? Das ist auch die zentrale Frage, die uns beim Älterwerden umtreibt. Im Baumhaus kann man Bücher mitnehmen, aber nicht zu viele. Man kann Musikwerke mitnehmen, aber nicht zu viele. Man kann

Menschen einladen, aber nicht zu viele. Man kann den Korb voller Speisen und Getränke packen, aber nicht zu viele. Die natürliche Einfachheit hier zwingt zur Beschränkung. Die Anerkennung der Grenzen dieser Bauminsel ähnelt dem intuitiven Wissen eines Gärtners, der seine Bäume beschneidet. Was erst als Verlust und Verzicht erscheint, kann aber Raum für prächtige neue Triebe schaffen. Dort, wo eine Leere entsteht, wächst der Raum für andere Sinne, für andere Wahrnehmungen und Inspirationen.

Hier kann ich lernen, wie viele Sachen ich nicht tun kann und wie viele Menschen ich nicht sein kann. Hier kann ich lernen, wahrzunehmen, wie ich meine Tage verbringe. Was ja letztlich heißt, wie ich mein Leben verbringe. Aussortieren und entgiften hilft, sich nicht aufzugeben unter den Dingen, die unbekömmlich sind. Auf alte, porös und wund gewordene Stellen Pflaster zu kleben, wäre zu wenig. Es geht um ein beherztes, mutiges Aussondern, um herauszufinden, was bleibt. Denn was bleibt, das ist man schließlich selbst. Die neue Form der Selbstbestimmung heißt nicht mehr, Optionen zu erschließen, sondern mit dem Wind zu fliegen, der durch meinen Baum weht. Denn das Wichtigste, was wir brauchen, ist Wind. Der lässt sich zwar nicht kommandieren, aber entscheidend ist, wie wir mit ihm fliegen und nicht wohin. Bekanntlich weht er ja, wo er will, wie unser Geist. Also lassen wir ihn kommen, spüren ihn auf und stemmen uns nicht dagegen, sonst haut es uns nämlich höchst ruppig und unelegant um. Der Wind ist so unberechenbar wie unser Leben, deswegen brauchen wir guten Stand, stabile Rückenlage und wache Augen. Wenn er pfeift, pfeifen wir durch die Finger; wenn er singt, singen wir noch lauter und wenn er tobt, stärken wir unsere Muskeln, solange wir atmen, statt auf unseren Depressionen zu sitzen.

Was wir wirklich brauchen, sind Umsicht und Aufmerksamkeit. Sie sind die ältesten Glückselixiere, die uns wach und lebendig halten.

Einfach nur da sein. Ohne Handtasche. Ist das genug? Eine 65-jährige Bildhauerin sagt: »Seit ich nur noch für mich arbeite, ist mein Leben eine Mischung aus guten Vorsätzen und wilden Improvisationen. Meine Prinzipien (Nicht konsumieren! Keine neuen Kleider mehr! Kalt duschen! Regelmäßige Mahlzeiten! Täglich lesen!) werfe ich immer wieder über Bord, wenn das Leben über mich hinwegfegt. Bin nur ich so? Oder geben es die anderen einfach nicht zu?« In den letzten Jahren habe ich gelernt, dass es reicht, wenn man als alte Frau seine Sache einfach gut genug macht. Ist das nicht ein herrliches Wort? Ich bin eine »Gut-genug-Alte«. Dass ich heute so denken kann, hat mit meinem Vertrauen zu tun, dass ich getragen werde von etwas Größerem. Es gibt einen Boden unter meinen Füßen, auch wenn ich ihn nicht benennen kann. Aber das ist sowieso privat. So leuchtet mir die Lebensregel Wolf Biermanns ein: »Krieg raus, wer du bist, und schnüffle nicht Gott hinterher. Denn das, was die Menschheit ist, erfährst du am besten an dir.« Dabei denke ich an Menschen um mich herum, die zweifellos etwas ausstrahlen, das ein Abglanz des Göttlichen sein könnte. Manchmal nur für eine Sekunde, eine kurze Sternenbegegnung oder einen Lichtblick. Am besten gefällt mir Lichtblick, weil er uns alle irgendwann, wenn wir es am wenigsten erwarten, treffen könnte.

## Frech, lustvoll, lebensfroh

An einem milden Juni-Nachmittag kam eine Nachbarin zu mir. Sie war sehr aufgewühlt und brauchte Rat in einer schwierigen Lebenskrise. Wir standen auf der Straße vor dem Haus, sprachen miteinander, und plötzlich begannen wir mitten im Gespräch zu tanzen: eins – zwei – Wiegeschritt, eins – zwei – Wiegeschritt, eins – zwei – Wiegeschritt. Es war, als würden wir das Gesprochene tanzen: Wir lösen es nicht. Du löst es nicht. Ich löse es nicht. Es ist nicht zu lösen. Statt zu resignieren, breitete sich plötzlich helle Freude zwischen uns aus und unsere Schritte wurden immer geschmeidiger. Etwas bewegte sich in und zwischen uns. Und plötzlich stand dieses Wort zwischen uns beiden: »Angekommen!« Ein Funke sprang über. Dieser spontane Tanz war das reinste Glück, und für einen berauschend langen, tragisch kurzen Moment glaubten wir uns im Paradies.

Unsere Art, mit einem unlösbaren Problem umzugehen, lässt sich auch auf das Älterwerden übertragen. Dieses Thema wurde weder in der Vergangenheit noch heute gelöst. Man bedenke: Schon vor mehr als 2000 Jahren beschäftigte sich Seneca mit dem Alter und fand keine Lösung. Mit diesem Thema kann man in der Tat alt werden und auch ziemlich alt ausschauen, wenn man ihm nicht mit einer gewissen Gelassenheit, Humor und Eigensinnigkeit die Stirn bietet – oder eben tanzend wie wir beide.

Deshalb habe ich statt eines Nachwortes diese kleine Episode erzählt. Sie birgt die Quintessenz dessen, was ich vermitteln wollte. Das Leben ist kurz, die Liebe, die Kunst und die Kreativität sind lang. Warum sollten wir nicht frech, lustvoll und lebensfroh der Schwerkraft ein Schnippchen schlagen? Auf so vieles haben wir keinen Einfluss, wohl aber auf unsere Einstellung. Man ändert sich im Älterwerden wahrscheinlich kaum, aber bessern kann sich jeder. Und mit bessern meine ich: frecher, lustvoller, lebensfroher leben.

Da ich meine Leser liebe wie mich selbst, fasse ich mich kurz. Vielleicht fällt Ihnen eine Episode ein, bei der Sie trotz aller Widrigkeiten angesichts eines Moments von Schönheit, Lebensfreude oder Mut das Gefühl hatten: »Angekommen«. Und wenn Ihnen keine einfällt, dann erfinden Sie eine, oder fangen Sie jetzt an, Augen und Ohren für solche Momente offen zu halten.

# Literatur

Aliti, A. (1997), *Mama ante portas! Wenn Frauen das Sagen haben*, München: Verlag Frauenoffensive.
Bastian, T. (2000), *Lebenskünstler leben länger. Gesundheit durch Eigensinn*, München: Verlag Kindler.
Beck, M. (2012), *Leben. Wie geht das? Die Bedeutung der spirituellen Dimension an den Wendepunkten des Lebens*, Wien, Graz, Klagenfurt: Styria Premium.
Bieri, P. (2011), *Wie wollen wir leben?*, St. Pölten, Salzburg: Residenz Verlag.
Brehm & Brehm (1981), *Psychological Reactance: A Theory of Freedom and Control*, New York: Academic Press.
Brehm, J.W. (1993), *Control, Its Loss, and Psychological Reactance*, in: Weary, Gleicher, Marsh (Hrsg.), *Control Motivation and Social Cognition*, Heidelberg: Springer Verlag.
Clee, M.A. & Wicklund, R.A. (1980), *Consumer behavior and psychological reactance*, Journal of Consumer Research, 6, 389-405.
Dickenberger, D., Gniech, G., Grabitz, H.J. (2002), *Die Theorie der psychologischen Reaktanz*, in: Frey, D. & Irle, M. (Hrsg.), *Theorien der Sozialpsychologie* (Band 1), Bern, Göttingen, Toronto, Seattle: Verlag Hans Huber.
Ehrenberg, A. (2004), *Das erschöpfte Selbst. Depression und Gesellschaft in der Gegenwart*, Frankfurt/Main: Campus Verlag.
Francia, L. (2011), *Der Rest deines Lebens beginnt jetzt*, München: Verlag Frauenoffensive.
Garcia, C. (1988), *Flamenco – Ein Weg zur Lebendigkeit*, München: Droemersche Verlagsanstalt.
Irgang, M. (2010), *Geh, wo kein Pfad ist, und hinterlasse eine Spur. Ermutigung zum Eigensinn*, Freiburg: Herder Verlag.
Kuntze, S. (2011), *Altern wie ein Gentleman. Zwischen Müßiggang und Engagement*, München: C. Bertelsmann Verlag.
Lindgren, A. (2000), *Steine auf dem Küchenbord. Gedanken, Erinnerungen, Einfälle*, Hamburg: Friedrich Oetinger Verlag.
Madelung, E. (1985), *Trotz. Zwischen Selbstzerstörung und Kreativität: Menschliches Verhalten im Widerspruch*, München: Kösel Verlag.

Malessa, A. (2012), *Altherrensommer. Männer in der Drittlife-Krise*, Gütersloh: Gütersloher Verlagsanstalt.
Marquard, O. (2013), *Endlichkeitsphilosophisches*, hg. von F. J. Wetz, Stuttgart: Reclam Verlag.
Möllering, K. (2005), (Hrsg.), *Die Kunst des Alterns. Eine Lebensaufgabe*, Leipzig: Evangelische Verlagsanstalt.
Petzold, H. (2001), *Integrative Supervision, Meta-Consulting, Organisationsentwicklung. Ein Handbuch für Modelle und Methoden reflexiver Praxis*, Wiesbaden: Verlag für Sozialwissenschaften.
Schlumpf, E. (2003), *Wenn ich einst alt bin, trage ich Mohnrot*, München: Kösel Verlag.
Schneider, P. (2005), *Soll man nackte Menschen grüssen?*, Oberhofen: Zytglogge Verlag.
Schönfeldt, S.G. (2008), *Die Jahre, die uns bleiben. Gedanken einer Alten über das Alter*, München, Zürich: Piper Verlag.
Sichtermann, B. (1987), *Weiblichkeit. Zur Politik des Privaten*, Berlin: Verlag Klaus Wagenbach.
Singer, C. (1991), *Zeiten des Lebens. Von der Lust sich zu wandeln*, München: Diederichs Verlag.
Sloterdijk, P. (2013), *Ausgewählte Übertreibungen. Gespräche und Interviews*, Berlin: Suhrkamp Verlag.
Tarr, I. (2012), *Lebe deine eigene Melodie. Anstiftung zum Älterwerden*, Gütersloh: Gütersloher Verlagsanstalt.
Thuermer-Rohr, C. (1992), *Vagabundinnen. Feministische Essays*, Berlin: Orlando Frauenverlag.
Wicklund, R. A. et al. (1970), *Effects of implied pressure toward commitment on ratings of choice alternatives*, Journal of Experimental Social Psychology, 6, 449-457.

# Praktische Lebenskunst

**Irmtraud Tarr
Loslassen – die Kunst,
die vieles leichter macht**
160 Seiten | Paperback
ISBN 978-3-451-05921-6

Wer wollte dies nicht, gelassener werden und die Leichtigkeit des Seins entdecken? Dieses Buch versammelt Anregungen, Hinweise und manch überraschende Einsicht in die hohe Kunst, sich das Leben zu erleichtern.

**In jeder Buchhandlung**

**HERDER**
*Lesen ist Leben*

www.herder.de

# Mit Ritualen das Leben feiern

**Irmtraud Tarr**
**Rituale für den guten Morgen**
96 Seiten | Gebunden
ISBN 978-3-451-61211-4

Kleine Rituale helfen, den Tagesbeginn liebevoll und behutsam zu gestalten. Körper und Seele starten gut in den Tag und selbst Morgenmuffel kommen in Schwung.

In allen Buchhandlungen oder unter
www.kreuz-verlag.de
**Was Menschen bewegt**